내 마음속
진짜 나를
발견해요

내 마음속 진짜 나를 발견해요

심옥숙 지음

㈜자음과모음

책머리에

우리 마음속엔 욕망과 충동이 숨어 있다

프로이트는 지금은 체코에 속한 작은 마을에서 유대인 가정의 맏아들로 태어났어요. 유년 시절 빈으로 이주한 후 평생을 오스트리아에서 신경과 의사로 활동했어요.

프로이트는 20세기 가장 위대한 심리학자로 흔히 알려져 있지요. 하지만 그를 단순히 심리학자로 평가하는 것은 단편적인 생각입니다. 프로이트는 독창적인 심리 연구를 통해 심리학을 넘어 사람이 살아가는 데 필요한 거의 모든 분야 즉 문화인류학, 사회학, 교육학, 예술, 심지어 일생생활의 대화에 이르기까지 근본적인 변화를 일으켰습니다. 정신분석가이자 심리학자이며, 사상가인 동시에 비평가 그리고 철학자라고 말할 수 있지요.

프로이트의 가장 큰 업적은 '마음의 발견'입니다. 좀 더 정확하게 말하면 '감정과 욕망의 발견'이지요. 무슨 소리냐고 반문하는 사람들이 있을 것입니다. 당연한 의문입니다. 마음과 감정은 모두 사람에게 있는 것이지, 어딘가에 깊이 숨겨진 비밀스러운 것이 아니라는 사실을 우리 모두가 잘 알고 있으니까요. 그렇습니다. 우리는 마음이 없는 사람을 생각할 수 없습니다.

하지만 오늘날 당연한 이 지식이 사실은 프로이트가 우리에게 준 선물입니다. 프로이트 이전까지 사람의 마음은 감정과 충동의 지배를 받지 않는 순수한 정신으로 채워졌다고 생각했습니다. 사람들은 영원히 변하지 않고 늘 바른 생각을 하는 영혼과 이성적인 정신만이 자신의 참된 모습이라고 믿었기 때문에 마음속에서 일어나는 충동이나 상상, 욕망은 아주 부끄럽고 나쁜 것이라고 여겼습니다.

프로이트는 이런 생각은 잘못된 것이며, 욕망과 충동이야말로 사람의 마음을 움직이고 결정하는 것이라고 말했습니다. 이런 주장은 그야말로 역사적으로 가장 충격적인 사건이었습니다. 프로이트의 생각이 사람들의 믿음을 완전히

뒤집었으니까요. 그때까지 사람들 대부분은 정신이야말로 '인간의 진정한 주인'이기 때문에 품위 있는 교양과 도덕을 추구하고, 반면에 본능적이고 감정적인 모든 것들은 '악'한 것이기 때문에, 정신은 이러한 것들을 벌주거나 억압할 수 있는 강한 힘이 있다고 믿었습니다.

　욕망과 충동이 정신을 지배하고 조정한다는 프로이트의 생각은, 사람이 동물에서 진화했다고 말한 다윈만큼이나 세상을 놀라게 했습니다. 사람의 마음이 욕망과 충동적인 감정에 끌려 다닌다는 것은 사람이 정신적인 존재가 아니라 본능과 욕망의 존재임을 뜻하기 때문입니다.

　프로이트는 우리 안에 숨겨진 '또 다른 나'를 밝혀냄으로써 수많은 철학자와 사상가 들이 '사람은 무엇인가?'에 대해 들려준 답과는 정반대의 답을 내놓은 것이지요. 프로이트는 사람에게 던져진 가장 중요한 과제인 '너 자신을 알라!'를 밝혀내는 데 있어 '마음의 발견'이라는 완전히 다른 방식을 보여 줍니다.

　마음은 무의식과 늘 함께 생각하고 행동하면서 사실은 무의식의 지배를 받는다고 프로이트는 말합니다. 무의식이란 세상에 다 드러내 놓지 못한 억압된 본능으로 이루어진

또 하나의 마음입니다. 억압된 상태로 숨어 지내는 무의식을 우리는 볼 수 없지만 분명 우리 마음 안에 있다는 것입니다. 바람을 보거나 만질 수는 없지만 팔랑이는 나뭇잎이나 꽃잎을 통해 바람을 알 수 있는 것처럼. 무의식은 꿈, 실수 등을 통해 모습을 드러냅니다. 정신 또는 의식이 무의식을 내쫓으려 하니까 자신을 있는 그대로 드러낼 수가 없는 것이지요.

프로이트의 이러한 생각은 사람의 마음을 탐험할 수 있는 길잡이가 되어서 우리가 자기 자신을 어떻게 이해하고 돌아봐야 하는지를 알게 해 줍니다. 자기 자신을 좀 더 알게 되면 남에 대한 이해와 배려 또한 넓어질 것입니다.

이러한 이유에서 프로이트 사상은 높이 평가되어 끊임없이 연구되고 있습니다. 하지만 그의 사상을 이해하기가 그리 쉽지는 않습니다. 이 점을 헤아려 이 책은 프로이트의 핵심 사상을 좀 더 쉽고 재미있게 이해할 수 있도록 이야기 형식으로 구성했습니다.

이 책을 출판할 수 있도록 애써 주신 자음과모음의 사장님과 편집부 여러분께 감사드립니다.

심옥숙

차례

책머리에 우리 마음속엔 욕망과 충동이 숨어 있다   4
프롤로그 고물상에서 일어난 기묘한 이야기, 궁금해?   17

① 꽃밭 고물상에서 발견한 '마음'

아무도 내 마음을 몰라줘   25
꽃밭 고물상   32
고물로 만든 조각품   42
마음은 빙산을 닮았어   47

　철학자의 생각   55
　즐거운 독서 퀴즈   58

2 마음을 줍는 프로이트

꽃밭 고물상의 프로이트 아저씨 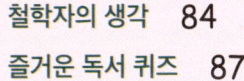 63
마음을 찾는 명탐정 프로이트　72
집안 분위기가 왜 이래?　80

　철학자의 생각　84
　즐거운 독서 퀴즈　87

3 역동하는 마음

범생이 오빠가 시험 거부를?   93

여우와 신 포도   98

자아의 비상수단   102

철학자의 생각   116

즐거운 독서 퀴즈   118

4 꿈속에서 나는…

이상한 꿈　123
마음이 어떻게 아파요?　127
꿈속의 비밀 통로　137
프로이트가 남겨 준 선물　145

　철학자의 생각　152
　즐거운 독서 퀴즈　154

네 생각은 어때? 문제 풀이　157

등장인물

지혜

아빠가 돌아가셔서 엄마, 오빠와 함께 사는 지혜. 심리 상담 선생님인 엄마를 닮아서 사람의 속마음을 잘 읽는다. 반 짝꿍 정은이와 한바탕 싸우고 거리를 헤매다가 길 잃은 할머니를 만나 꽃밭 고물상을 찾아가게 되고, 고물상 주인 아저씨를 만난다. 프로이트의 마음을 깊이 연구한 아저씨는 방황하는 지혜에게 따뜻한 말벗이 되어준다. 시험을 앞둔 불안감, 마음 깊숙이 숨어 있는 욕망과 충동, 엄마의 우울, 모범생 오빠의 일탈 등에 대해 아저씨와 많은 이야기를 주고받으며 지혜는 한층 성숙해진다. 지혜의 고민을 풀어 준 아저씨의 해법은 과연 무얼까?

꽃밭 고물상 아저씨

고물상을 운영하며 치매에 걸린 어머니를 극진히 모시는 아저씨. 사람들의 마음을 잘 이해하는 프로이트 박사다. 원래 조각을 하는 미술가였지만 어머니를 모시기 위해 학업도 포기하고 부모님의 고물상을 물려받았다. 고물상에서 자신의 전공을 살려 프로이트의 마음 이야기를 조각 작품으로 만드는 작업을 한다. 작품 이름은 '마음의 조각'. 고민이 많은 지혜에게 기꺼이 심리 상담 선생님이 되어 프로이트의 마음 이야기를 들려주며 지혜가 웃음을 찾을 수 있도록 도와준다.

지혜 엄마

남편을 교통사고로 여의고 홀로 두 남매를 키우는 지혜 엄마. 학교에서 심리 상담 교사로 일하면서 많은 아이들의 마음을 치유해 주지만, 정작 자신의 슬픔은 잘 극복하지 못한다. 학교 일이 너무 바빠서 두 남매에게도 신경을 못 쓰는 엄마는 급기야 모범생이었던 지혜 오빠가 시험을 거부하며 일탈을 하자 더욱 마음고생을 한다. 하지만 엄마는 지혜와 함께 어려운 시간을 슬기롭게 극복해 나간다.

정은이

지혜의 짝꿍. 친구들에게 관심을 받기 위해 유행하는 가수들의 노래를 담은 MP3와 이어폰을 매일 가지고 와서 교실을 소란스럽게 한다. 조용한 걸 좋아하는 지혜와 다툼이 벌어지고 급기야 선생님에게 불려 가는데, 정은이는 모든 걸 지혜 탓으로 돌리며 화해를 거부하고 울음을 터뜨린다. 선생님은 둘에게 엄마 아빠를 모시고 오라는 명령을 하게 되고, 정은이는 결국 지혜의 사과를 억지로 받는데…. 정은이는 왜 이렇게 시끄럽게 친구들의 관심을 받으려 할까?

욕망과 충동이 인간의 마음을 조종한다
프로이트

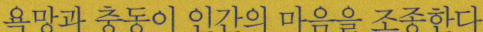

'마음'을 발견한 20세기의 가장 위대한 정신분석학자. 프로이트는 마음 깊숙한 곳에 숨어 있는 무의식, 즉 욕망과 충동이 사람의 정신을 지배한다고 말했다. 우리가 하는 행동과 느낌도 무의식이 조종한 결과라고 했다. 프로이트 이전까지 사람들은 마음이란 욕망과 충동의 지배를 받지 않는 순수한 영혼, 혹은 이성적인 정신이라고 믿었다. 하지만 프로이트는 이런 생각이 허상임을 지적하며 인간에겐 무의식이라는, 세상에 드러내 놓지 못한 억압된 본능이 있어서 욕망과 충동적인 감정에 늘 끌려 다닌다고 주장했다. 이런 주장은 인류 역사상 가장 충격적인 사건이었으며, 20세기 가장 위대한 심리학적 발견으로 기록되었다. 프로이트의 '마음의 발견'은 인간이 살아가는 데 필요한 거의 모든 분야 즉 문화인류학, 사회학, 교육학, 예술, 심지어 일상생활의 대화에 이르기까지 근본적인 변화를 일으켰다.

프롤로그

고물상에서 일어난 기묘한 이야기, 궁금해?

"지혜는 참 좋겠구나! 엄마가 네 마음을 잘 알아주실 테니까!"

어른들은 종종 내 머리를 쓰다듬으면서 이렇게 말합니다. 왜냐하면 나의 엄마는 고등학교 상담 선생님이거든요. 학생 고민을 상담해 주는 엄마는 철학이나 심리학 관련 책뿐만 아니라 진로, 문학, 교양, 만화 책까지 골고루 읽고는 학생들과 대화를 나누고 그 내용을 정리하시지요. 엄마가 학생들에게 무척 인기가 많다는 걸 동료 선생님들한테 들은 적이 있습니다.

상담은 여러 가지 문제 중에서 특히 마음의 문제를 대화로 푸는 것이라고 합니다. 그래서 아마도 우리 엄마가 내 마음을 잘 이해하실 거라고 믿나 봅니다. 하지만 엄마는 정작 학교 일 외에도 바쁜 일이 많으신지 늦는 날이 많으셔서 상담 같은 건 해 주실 시간이 없죠. 하기야 딱히 상담이 필요하지도 않습니다. 엄마는 언제나 나를 '잘 알아서 하는 딸'이라고 생각하시니까요.

 오빠 역시 상담이 필요 없기는 마찬가지일 겁니다. 특히나 오빠는 모범생이거든요. 사실 나같이 종종 문제를 일으키는 아이는 상담이 좀 필요하지만 엄마와 상담을 하고 싶지는 않아요. 엄마와 상담을 하다 보면 오빠와 비교될 것만 같거든요.

 참, 우리 오빠요? 오빠는 고3이에요. 수능 준비 때문에 엄마보다 더 바쁜 사람이죠. 매일 새벽같이 등교하고 도서관에서 밤늦게 돌아오는 오빠와 마주치는 일은 별로 없지요. 오빠는 공부뿐만 아니라 모든 생활에서도 모범생이기 때문에 어떤 말썽도 피워 보지 않았을 거예요. 하기야 내가 태어났을 때 오빠는 유치원에 다녔고, 내가 돌잔치를 하고 '엄마'라고 겨우 말하기 시작했을 때 오빠는 학교에 들어갔으니까 말썽을 피웠다 해도 내가 알 리가 없지요. 나와 나이

차이가 꽤 있는 오빠는 항상 큰 존재처럼 보였고, 언제나 오르지 못할 나무였어요.

나의 가족은 엄마, 오빠 그리고 나, 이렇게 셋이랍니다.

아빠요? 아빠는 내가 다섯 살 때 교통사고로 돌아가셨어요. 음주 운전에다 뺑소니 차량에 사고를 당하셨어요. 갑작스러운 아빠의 죽음으로 우리 가족은 무척 슬퍼했고 생활도 더 어려워졌다고 해요. 너무 어려서 잘 몰랐지만 쉬쉬하는 엄마 몰래 친척들이 하는 말을 들은 적이 있거든요. 사진 속에서 웃고 계신 젊은 아빠를 기억할 뿐 아빠에 대한 기억이 별로 없어요. 간혹 아이들이 아빠 이야기를 꺼낼 때면 '아빠가 있었으면 좋았을 텐데…….' 하는 생각이 들지만 기억이 없어서인지 그다지 아빠가 그립지는 않아요. 다만 아빠 이야기가 나올 때마다 어두워지는 엄마, 오빠의 표정을 보면 슬퍼지고 화가 납니다. 왜 아빠는 그렇게 빨리 돌아가셨을까? 돌아가신 아빠 때문에 엄마와 오빠의 눈치를 살필 수밖에 없죠. 어느새 나는 스스로 금기 사항 하나를 만들어 놓았답니다. 절대로, 절대로 엄마와 오빠 앞에서는 아빠 얘기 같은 건 꺼내지 말자고!

그렇게 금기 사항을 하나 만들어 놓았을 뿐인데 그 후로 나의 생활은 너무나 많은 제약이 따랐어요. 아빠 없는 아이라는 말을 듣지 않기 위해 내가 잘못하지 않았는데도 친구와 다투면 먼저 사과를 해야 하고, 시험도 잘 봐야 하고, 늦잠도 자지 말아야 했습니다. 내가 뭔가 잘못한다면 사람들은 분명 '아빠 없는 아이가 저렇지 뭐…….' 하고 말할 테고 그러면 엄마와 오빠는 속이 상할 테니까요.

분명, 이런 답답한 마음 때문에 꼭 누군가와 상담이 필요하지만 스스로 자기 일을 알아서 하고, 공부도 적당히 잘하고, 친구와 싸우지도 않는 나는 어느새 상담이 필요하지 않은 아이가 된 것이지요.

너무나 뻔한 생활만 하고 있는 나는 그래서 너무 심심하답니다. 자기 일을 스스로 하기 때문에 엄마의 잔소리 같은 건 들을 일도 없고, 다툼을 피하기 위해 친구들과 잘 어울리지도 않고, 특별히 할 일이 없으니 숙제나 공부를 할 수밖에 없어 절로 잘하게 되는 것이지요. 정말 따분하고 심심한 나날들이에요.

이렇게 답답하고 재미없는 날들에 그나마 활력을 주는 것은 바로 꿈과 고물상이에요.

나는 꿈을 자주 꾸는데 현실에서는 있을 수 없는 일들이

너무 많이 일어나서 아주 흥미롭답니다. 엄마에게 말대꾸를 하다가 벌을 받는다든지, 오빠와 놀이 공원에 갔는데 갑자기 오빠가 멋진 왕자님으로 변한다든지, 하늘을 날거나 탱크를 몰기도 하고, 유명한 가수와 무대에서 노래를 부르기도 하고……. 그야말로 파란만장, 기기묘묘, 기상천외, 불가사의한 일들이 벌어지지요. 그러나 꿈은 꿈일 뿐! 꿈에서 깨고 나면 너무나 허망해서 어쩔 땐 두 다리에 힘이 쭉 빠져요.

그러나 고물상은 달라요. 그냥 단순한 고물상이 아니니까요. 거기엔 꽃사탕이 있고, 예술 작품이 있고, 이야기가 있고, 마음을 들여다보는 돋보기가 있고……. 그러니까 내가 말하는 '꽃밭 고물상'은요? 꽃밭이 있는 게 아니고요, 그러니까 할머니가 계신데 할머니가 집을 종종 나가시는데…… 아니, 그게 아니라 젊은 아저씨가 계시는데 예술가이면서 철학자이면서 고물을 파는데……. 아이고! 왜 이리 복잡하냐?

그러니까…….

그 얘기는 지금부터 차근차근 할게요.

무의식이 인간 행위의 진정한 장소이다.
― 프로이트

1

꽃밭 고물상에서 발견한 '마음'

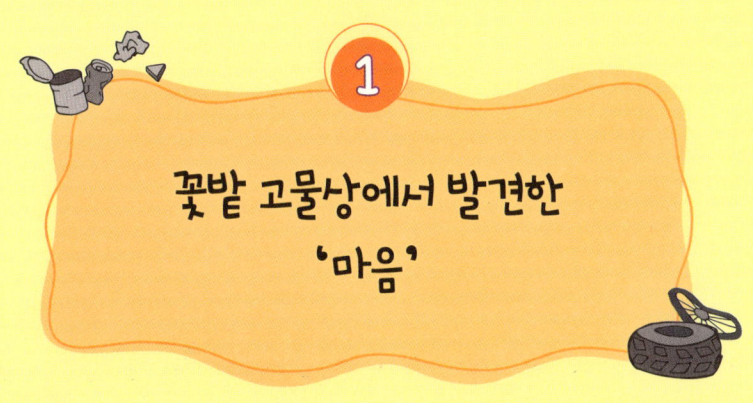

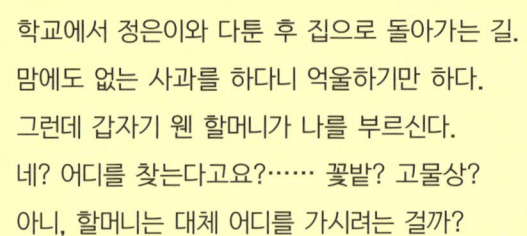

학교에서 정은이와 다툰 후 집으로 돌아가는 길.
맘에도 없는 사과를 하다니 억울하기만 하다.
그런데 갑자기 웬 할머니가 나를 부르신다.
네? 어디를 찾는다고요?…… 꽃밭? 고물상?
아니, 할머니는 대체 어디를 가시려는 걸까?

아무도 내 마음을 몰라줘

먼저 시비를 건 사람은 내가 아니라 정은이었어요. 쉬는 시간에 방탄소년단이 어떻고 비투비가 어떻고 아이유가 어떻고 하면서 처음 들어 보는 가수들의 이름을 댔어요. 새로 샀다는 MP3 주변으로 아이들이 몰려들었죠. 정은이는 내 짝꿍이었기 때문에 자연스럽게 내 주변에 아이들이 모여든 꼴이었는데 여간 귀찮은 것이 아니었어요. 서로 이어폰을 귀에 꽂아 보겠다며 아우성치는 아이들 때문에 머리가 지끈거릴 지경이었어요.

"제발 좀 자리로 돌아가 줄래?"

내 말은 아랑곳하지 않고 정은이는 가수들 이야기에 여

념이 없었고, 아이들 역시 MP3에 넋이 나갔습니다.

"야! 제발 좀 조용히 하고 제자리로 돌아가라고! 너희들 때문에 시끄럽잖아."

나는 좀 더 큰 소리로 말했어요.

"지혜, 너! 공부 좀 한다고 우릴 무시하는 거야?"

뜬금없이 정은이가 말하며 나를 째려보았어요.

"아니, 그런 게 아니고……."

"네가 아무리 공부를 잘해도 방탄소년단이 누군지, 비투비가 누군지, 아이유가 누군지는 모를걸?"

사실 잘 몰라요. 그러나 지민이 방탄소년단의 한 사람이란 건 들어 본 적이 있어요. 오빠가 좋아하는 아이돌이라고 했거든요. 그런데 꼭 알아야 한다고는 생각하지 않아요. 세상에 연예인이 얼마나 많은데 그 사람들을 어떻게 다 알 수가 있겠어요?

"우리들 대화에 끼지 못하니까 괜히 심술이 나나 본데, 신경 쓰지 마!"

정은이는 내가 못마땅한 모양이에요. 지우개가 없을 때도 짝꿍인 나에게 빌리지 않고 건너편 은지한테 빌리러 가곤 하니까요.

"정말 유치해! 겨우 가수들 이야기나 하면서, 뭐."

못마땅하기로 말하자면 나도 정은이가 못마땅해요. 언제나 아이들이 좋아할 만한 스타 사진이나 MP3 같은 물건을 가져와 시끌벅적 아이들을 끌어모으거든요.

"뭐? 너 지금 날 무시하는 거야? 이 애늙은이야! 네가 선생님이야? 엄마야? 왜 잔소리야?"

그때 수업 종이 울리고 곧 선생님이 들어오셨어요. 아이들이 후다닥 제자리로 돌아가고 정은이와 나도 아무 일 없었다는 듯 책을 폈어요. 그런데 책을 펴는 척하며 정은이가 내 팔을 툭 치지 뭐예요? 그래서 나도 공책을 꺼내면서 정은이의 팔을 쳤지요. 다시 정은이가 필통을 꺼내며 나를 밀고, 나는 별로 필요하지 않았지만 휴지를 꺼내어 코를 푸는 척하다가 정은이를 밀었어요. 정은이가 다시 내 팔을 툭 치려고 했을 때 나도 지지 않고 정은이의 팔을 꽉 잡았어요. 정은이가 짧게 "아!" 하고 소리를 냈어요. 부스럭거리는 소리에 아이들이 하나 둘 우리 쪽을 쳐다보았고, 칠판에 뭔가 적던 선생님이 뒤를 돌아보셨어요. 나는 움찔했지요. 정은이도 하던 행동을 멈추었어요.

"지금 너희들 뭐 하고 있었니?"

선생님은 조금 화가 난 얼굴이었어요.

나는 고개를 숙인 채 아무 말 없이 가만히 있었지요. 그런데 갑자기 정은이가 울음을 터뜨리는 거예요. 아이들이 놀라서 정은이를 쳐다보았고, 나는 더 눈이 동그래져서 정은이를 보았어요. 정은이는 책상에 엎드려 아예 엉엉 우는 거예요.

선생님은 천천히 교탁에서 내려오셨어요.

"무슨 일인지 말해 봐!"

나는 대체 어디서부터 말해야 할지 몰랐어요. 정은이가 우는 이유도 몰랐고요. 그러나 우리가 다투었다는 사실은 고백해야 한다고 생각했어요.

"사실은 저······."

"지혜가 먼저 저를 쳤어요!"

정은이가 책상에서 일어나더니 소리쳤어요.

선생님이 나를 쳐다보셨지요.

"아, 아니에요······. 정은이가 먼저······."

"지혜가 MP3를 자기만 안 보여 준다고 제 팔을 먼저 쳤다고요."

선생님은 다시 나를 쳐다보셨어요.

"아, 아니에요……. 정은이가 먼저…….."

"수업 끝나고 두 사람 모두 교무실로 와. 자 모두들 수업하자!"

선생님은 더는 묻지 않으시고 교단으로 올라가셨어요.

도대체 정은이는 왜 갑자기 울었으며 제가 먼저 시비를 걸어 놓고 내가 그랬다고 했을까요? 정말 억울해요.

전후 사정을 모두 듣게 된 선생님이 우리 두 사람에게 서로 사과하라고 하셨지만 정은이는 끝까지 내가 먼저 시비를 걸었다며 울어 대는 통에 나도 사과할 마음이 없었지요. 선생님은 한숨을 푹 내쉬더니 짐짓 화난 목소리로 물으셨어요.

"그럼 너희 둘 다 부모님 모셔 올래?"

나는 부모님을 모셔 오라는 선생님의 말씀에 움찔했어요. 선생님은 사소한 일을 크게 벌이지 말라고 하시며 다시 사과하라고 하셨어요. 나는 정은이가 사과한다면 기꺼이 사과를 하겠다고 반쯤은 마음을 먹었어요. 그런데 정은이가 갑자기 이렇게 말하지 않겠어요?

"엄마 아빠 모시고 올래요. 저는 억울해요!"

엄마를 모셔 온다고? 엄마를 모셔 와야 한다고요? 게다가 정은이는 엄마뿐 아니라 아빠도 모셔 올 모양이었어요.

마음이 꽉 막히는 것 같았어요. 머릿속이 깜깜해졌어요. 그래서 결국 이렇게 말하는 수밖에 없었어요.

"저……. 선생님! 제가 잘못했어요. 먼저 시비 건 것도 잘못했고, 정은이를 먼저 친 것도 잘못했어요."

그리고 정은이에게 머뭇머뭇하며 사과를 했어요.

"정, 정은아! 미, 미안해!"

나는 아빠를 모셔 올 수가 없잖아요. 엄마가 이 사실을 알면 또 얼마나 슬퍼하시겠어요? 안 계신 아빠를 어떻게 모셔 오겠어요?

너무나 억울하지만 사과할 수밖에 없는 내 마음을 누가 알까요?

꽃밭 고물상

먼저 사과를 받은 정은이는 의기양양해서 아이들 앞에서 내가 먼저 사과했다고 떠들어 댔어요. 나는 속이 상해서 친구들이 같이 놀자고 하는데도 수업이 끝나자마자 가방을 챙겨 나왔어요.

집으로 발걸음을 옮기는데, 막상 집으로도 가고 싶지 않았어요. 갑자기 엄마가 미운 마음이 드는 거예요. 아빠가 안 계셔도 엄마가 아빠 때문에 슬퍼하지 않았다면, 나를 뭐든 잘 알아서 하는 딸로만 생각하지 않았더라면, 내가 먼저 정은이에게 사과하지 않아도 됐을 테니까요. 정은이에게 당한 억울한 일을 엄마에게 재잘재잘 떠들어 대며 잊을 수도 있을 테니까요. 이런 내 마음을 모르는 엄마가 미워요!

집으로 가는 길은 두 갈래예요. 하나는 횡단보도를 건너 곧바로 아파트 단지가 있는 우리 집으로 가는 길, 또 하나는 좁은 골목 사이사이 다가구 주택들이 있는 길을 돌아서 가는 것입니다.

다가구 주택이 있는 길은 참 여러 가지 풍경들이 있어요. 아파트 단지에서는 아이들이 놀이터에서만 놀잖아요. 놀이터가 아닌 곳은 차들로 복잡하니까 안전한 놀이터에서만 놀도록 교육을 잘 받았지요. 그러나 다가구 주택의 골목은 아이들로 북적입니다. 장난감 말과 자전거를 타고 골목을 쌩쌩 달리다가 차가 나타나면 우르르 갓길로 물러서곤 해요. 여기를 지나는 차들은 세상에서 가장 느린 차가 된 듯 아주 천천히 골목을 빠져나가요.

아파트에서는 할머니들이 맞벌이 자식 대신 손자를 유모차에 태우고 여기저기 기웃거리며 한가롭게 거닐어요. 그러나 다가구 주택 골목에서는 할머니들이 유모차 가득 폐지를 싣고 바쁜 걸음으로 지나가지요.

그리고…… 아파트에는 잘 가꾼 잔디와 나무가 있지만, 다가구 주택 골목에는 빈 공터마다 상추며 무, 고추며 깻잎

이 무성히 자라고 있어요.

모두 우리 집으로 가는 길이지만 서로 너무나 다르지요. 심심하거나 집에 빨리 가고 싶지 않을 때면, 나는 다가구 주택 골목을 통해 집으로 아주 느릿느릿 걸어가요. 바로 오늘 같은 날이 그렇지요.

그때 어디선가 부르는 소리가 들렸어요.

"아가씨! 이봐요……."

나는 주위를 둘러보았지요. 뭐 내가 아가씨는 아니었지만 골목길을 걷고 있는 사람이 나뿐인 것 같았거든요. 아무도 없는 골목길에서 대체 누가 부르는 소리인지 나는 두리번거릴 수밖에 없었어요.

"아가씨……."

재활용 수거함 옆에 쪼그리고 앉아 있는 한 할머니를 발견했어요. 몸집이 너무나 작아서 눈에 띄지 않았던 거지요. 할머니는 힘이 드는지 숨을 헐떡이며 재활용 수거함 옆에서 꼼짝도 않고 계셨어요.

나는 할머니에게로 다가가 부축해 드리며 물었어요.

"할머니, 저를 부르셨어요?"

"응, 아가씨……."

할머니가 웃자 이가 거의 다 빠진 모습에 나도 모르게 웃음이 나왔어요. 나의 웃는 모습이 편하게 느껴졌는지 할머니는 내 손을 꽉 잡으셨어요.

"나…… 좀 데려다줘!"

"어딜 가시는 길인데요? 길을 잃으셨어요?"

"응, 아까부터 여기 몇 바퀴나 돌았는데 자꾸 같은 길만 나오네?"

할머니는 난처한 얼굴로 나를 쳐다보았어요.

"집이 어디신데요?"

"꽃밭……."

"네?"

꽃밭이라니요? 할머니는 집을 찾으시는 게 아니라 꽃밭을 찾고 계신 모양이었어요. 그러나 이 골목은 내가 잘 알고 있지만 꽃밭 같은 건 없었는데…… 그냥 텃밭이라면 또 모를까?

"고추밭이나 상추밭이 아니고요?"

나는 다시 되물을 수밖에 없었지요.

"응, 꽃밭……."

나는 두리번거렸어요. 주변에 꽃밭이 있었는데 내가 잘

못 보고 지나쳤을 수도 있으니까요.

"우리 집……."

할머니는 다시 작은 목소리로 말씀하셨어요.

"아, 집을 찾아 드릴까요? 주소가 뭔데요?"

"고물상……."

"네?"

정말 알 수가 없네요. 방금 집을 찾아 달라고 하셔 놓고 또 고물상을 찾으시다니…….

"할머니, 집 전화번호 같은 건 모르세요?"

할머니는 고개를 두어 번 젓더니 침을 꼴깍 삼키셨어요.

"배고파. 아가씨! 나 꽃사탕 하나만 사 주면 안 될까?"

이건 또 무슨 말씀이신가요? 난데없이 꽃사탕이라니요. 그러고 보니 할머니는 정신이 오락가락하신 것 같았어요. 모습은 여느 할머니들과 다름이 없지만 어쩐지 말씀이 이랬다저랬다 하셨어요. 너무 난감했어요. 할머니를 그냥 모른 척하고 지나가자니 할머니가 가엾고 집을 찾아 드리자니 뭐 정보가 있어야지요.

"할머니, 다시 한번 말씀해 보세요. 어디를 찾으시는 거예요?"

"꽃밭……. 꽃밭에는 우리 아들이 있어."

"여기에서 꽃밭을 찾기는 힘들 것 같아요. 그냥 집에 모셔다 드릴게요. 집은 어디세요?"

"고물상……. 근데, 꽃사탕은 안 사주나?"

할머니는 여전히 주소나 전화번호 같은 건 말씀해 주시지 않았어요. 답답하지만 어쩌겠어요. 어쨌든 할머니 말씀에서 힌트를 얻을 수밖에.

이 동네에서 꽃밭을 본 적은 없어요. 꽃밭이 어디냐고 다른 사람에게 물어 본다면 아마 저를 이상한 아이 취급하겠죠? 그래요. 고물상! 고물상은 사람들이 알고 있을 거예요. 어쩌면 고물상이 할머니의 집인지도 모르겠네요. 그러나 고물상 역시 이 주변에서 본 적은 없었지요. 나는 할머니를 모시고 슈퍼마켓에 들러 막대사탕을 하나 사 드렸어요. 할머니는 꽃사탕이 아니라고 고개를 저으셨지만, 그냥 드시기로 하셨는지 입에 넣고 달게 드셨어요. 슈퍼마켓에서 나는 혹시 근처에 고물상이 있냐고 묻자 주인아저씨는 잘 모르겠다는 듯 고개를 저었어요. 나는 그냥 할머니를 파출소에 모셔다 드리는 것이 낫겠다고 생각하고 슈퍼마켓을 막 나서려던 참이었어요.

"학생! 저기 두 번째 골목으로 쭉 올라가는 길 말이야, 약수터로 올라가는 길…… 알아?"

"아니오, 그쪽으로는 가 본 적이 없는데…….”

"여하튼 내 기억에 약수터로 올라가는 길에서 고물상을 하나 본 것도 같은데……. 아니었나?"

아무래도 그냥 할머니를 파출소에 모셔다 드리는 편이 현명할 것 같네요. 나는 고개를 꾸벅하고 슈퍼마켓을 나왔어요. 할머니는 사탕을 드시고 기분이 좋아지셨는지 어린아이처럼 활짝 웃으셨어요. 빠진 이 때문인지 사탕을 빠는 입 사이로 침을 주르륵 흘리시는데, 조금 더럽다는 생각도 들고 불쌍하다는 생각도 들었지요.

"아가씨, 이제 꽃밭으로 가는 거지?"

나는 잠시 생각을 하다 약수터 가는 길로 올라가 보기로 했어요. 두 번째 골목이 끝나는 곳부터는 비포장도로로 낮은 산을 등산하는 것 같았어요. 집도 없고 가게도 없고 그냥 몇몇 군데 텃밭만 있는 길이었지요.

"와! 꽃이다."

할머니가 소리쳤어요. 나는 눈이 번쩍 뜨여 할머니가 가리키는 곳을 쳐다보았어요. 꽃밭은 아니었어요. 감자밭이었죠. 그러나 노란 감자 꽃이 핀 감자밭은 할머니 말씀처럼 꽃밭처럼 보이기도 했어요.

"여……기가 맞아요?"

나는 슬그머니 할머니에게 여쭤 보았어요. 할머니는 고개만 저으며 감자 꽃을 꺾었어요. 아무래도 조금 더 올라가 봐야 할 것 같았어요. 이러다가 약수터 꼭대기까지 올라가는 것 아닌가 모르겠네, 휴!

그런데! 이게 웬일이에요? 정말 거짓말처럼, 아니 할머니 말씀대로 그곳이 있었어요.

'꽃밭 고물상.'

가건물 주변에는 꽃밭에 어울릴 만한 나무 울타리가 쭉 둘러 있고, 한쪽에는 고물들이 잔뜩 쌓여 있었어요. '꽃밭 고물상'이라고 쓰인 팻말도 보였어요.

고물로 만든 조각품

할머니가 괜한 말씀을 하신 건 아니었어요. 나는 왜 고물상 이름이 꽃밭이란 걸 믿지 않았을까요? "찾았어요!" 하고 소리치며 할머니를 돌아보았지만 할머니는 벌써 가건물 안으로 들어가고 계셨어요. 고맙다는 말 한마디 없이 그냥 휑하니 들어가 버리시는 할머니가 섭섭했지만 어쩌겠어요? 정신의 병을 앓고 계신 할머니니까…….

어쨌든 참 어울리지 않는 이름을 가진 고물상이군! 그렇게 생각하면서 돌아서려는데 누군가가 나를 불렀어요.

"이봐요…… 학생!"

젊은 아저씨가 손을 흔들었어요. 나도 모르게 꾸벅 인사

를 했지요. 아저씨가 달려와 내게 연신 고맙다고 했어요.

"우리 어머니가 좀 편찮으셔서……. 어쨌든, 고맙다. 괜찮다면 잠깐 안으로 들어갈래?"

나는 좀 망설였어요. 그러다가 아저씨를 따라 가건물로 들어갔어요. 나쁜 사람처럼 보이진 않았거든요.

고물상 안으로 들어서자 나는 깜짝 놀랐어요.

오른편에는 고물들이 금방이라도 무너질 듯 아슬아슬하게 높이 쌓여 있었어요. 왼편에는 고물로 만들어진 희한하게 생긴 조각품들이 가득했어요.

아저씨가 음료수를 내오며 즐겁게 웃으셨어요.

"길을 잃고 많이 헤매셔서 피곤하신지 어머니는 벌써 잠이 드셨구나."

나도 아저씨를 따라 웃었어요.

"근데 꽃밭은 어디 있어요?"

"꽃밭?"

"고물상 이름이 꽃밭이라 꽃밭이 있는 줄 알았거든요."

"하하하, 그래? 사실 우리 어머니는 치매에 걸리셨어. 그래서 정신이 오락가락하시지. 어떤 때는 아주 멀쩡하시다가도 가끔씩 기억을 못 하시고 길을 잃곤 하셔. 어머니가 정신을 놓으실 때 찾아가는 곳이 꽃밭인데, 아마 어렸을 적에 아주 즐거운 추억이 있으셨던 모양이야. 그래서 고물상 이름도 어머니가 좋아하는 꽃밭이라고 이름을 붙였어."

아저씨는 할머니가 치매 환자인데도 어두운 표정을 짓지 않고 싱글벙글 환하게 말씀을 하셨어요.

"그럼 아저씨는 할머니와 둘이 여기서 계속 사셨어요?"

나는 조심스럽게 물어보았어요.

"아니, 이곳에 온 건 1년이 조금 넘었어. 어머니가 치매에 걸리고 난 후부터. 원래 이곳에서 어머니와 아버지가 함께 고물상을 하셨어. 참 소박하게 사신 분들이었지. 근데 몇 해 전 아버지가 돌아가시고 나자 어머니가 돌연 정신을 놓으셨어. 병들고 혼자되신 어머니를 모시자고 결심하곤 학교를 그만두고 이곳에 온 거지."

아저씨의 얼굴이 조금 어두워지는 것 같기도 했어요. '괜한 걸 물어봤나?' 나는 조금 미안해졌지요.

"내 전공은 원래 미술이야. 그중에서도 조각을 하지. 특히 동이나 철로 작품을 만들었어. 그런데 지금은 이런 고물로 작품을 만들고 있단다."

아저씨는 고물로 만든 작품 앞으로 나를 데려가셨어요.

"우와, 정말 신기해요! 어떻게 고물로 조각품을 만들 생각을 했어요?"

"처음엔 나도 생각을 못 했어. 공부를 관두고 고물상을 하게 된 게 속상해서 아무것도 하고 싶지가 않았어. 마음의 병에 걸린 거지. 그러나 병에 걸렸는데도 언제나 과거로 돌아가 해맑은 어린아이가 되는 어머니를 보면서, 내가 처지나 비관해서는 안 되겠다는 생각이 들었지. 비록 병에 걸렸지만 언제나 웃는 어머니처럼 이 고물들도 새로운, 쓸모 있는 물건들로 다시 태어나기 위해 이곳에 모인 거잖니? 그래서 고물들을 이용해서 작품을 만들기 시작한 거야."

아저씨는 작품들 중 하나를 가리켰어요. 그것은 음료수 깡통으로 만든 거대한 산이었어요. 그런데 꼭대기의 일부분을 제외하곤 나머지는 그물 같은 것으로 꽁꽁 묶여 있었어요. 도대체 뭘 만든 것일까? 나는 그 작품 아래에 붙은 제목을 보기 전에는 도통 짐작도 할 수 없었어요.

"엥? 마음? 어머나, 아저씨는 마음이 이렇게 생겼다고 생각하세요? 산 같기도 하고 그냥 쓰레기 더미 같기도 한데요? 히히!"

마음은 빙산을 닮았어

아차! 말을 함부로 한 것 같아요. 작품을 비웃었으니 아저씨는 기분이 상하셨겠죠? 쭈뼛쭈뼛 아저씨를 쳐다보는데, 엥? 아저씨는 오히려 기분이 좋아 보이셨어요. 어? 이상하네.

"하하하, 맞아. 이건 산이야, 빙산."

"에에? 빙산이요? 근데 왜 마음이라고 제목을 붙였어요?"

"마음은 빙산과 같거든."

수수께끼 같은 아저씨의 대답에 나는 더 궁금해졌어요. 마음과 빙산? 이건 도대체 무슨 말인지 알 수가 없네. 역시 예술가들은 특이한 정신세계를 가지고 있다니까.

"아참, 네 이름도 안 물어보았구나. 꼬마 아가씨, 실례가 안 된다면 이름을 가르쳐 주시겠어요?"

아저씨는 모자를 벗고 정중히 인사하는 시늉을 했어요.

"후훗, 제 이름은 지혜예요."

나도 모르게 무릎을 굽혀서 숙녀처럼 인사를 했답니다.

"이름이 지혜구나! 어쩐지 지혜롭게 보이더라니."

아저씨의 칭찬에 조금 으쓱한 기분이 들었지만 정말 궁금했어요. 마음이 빙산과 같다니요?

"히히, 고맙습니다. 그런데 아저씨! 마음이 빙산과 같다니 그게 무슨 뜻이에요?"

"아, 마음이 빙산과 같다는 건 내가 생각해 낸 것은 아니야. 프로이트의 생각이야."

"프로이트? 프로이트, 어디서 들어 본 이름인데……."

어디서 보긴 봤는데 생각이 날 듯 말 듯했어요. 마음을 생각한 사람이라면, 혹시 심리학자? 아! 드디어 생각났어요. 엄마 책꽂이에 프로이트 전집이 꽂혀 있어요!

"생각났다! 심리학자 프로이트, 맞죠?"

"어? 초등학생이 모르는 게 없네. 지혜 대단한걸. 프로이트는 원래 신경과 의사였는데, 마음을 연구한 사람으로 유

명해. 특히 마음이 빙산과 같다고 했는데, 요거 말해 줄까 말까?"

아저씨는 잔뜩 궁금해하는 나를 놀릴 심산인가 봐요. 나도 질 수 없죠?

"흥! 관심 없어요, 뭐. 아저씨가 심심한 것 같아서 들어 주려고 했더니. 아, 이제 집에 가야겠네? 마음이 빙산인지 빙수인지는 들어도 별 얘기 아닐 거야……."

흘끗 아저씨를 보니 굉장히 재미있어하는 표정이었어요.

"호오, 신 포도라…… 그렇다면 지혜가 집으로 돌아가 버리기 전에 아저씨가 재미있게 설명해 줘야겠는걸?"

신 포도가 뭐냐고 묻고 싶었지만 나는 별 관심 없는 척하며 고개를 외로 꼬고 있었어요. 그러나 속으로는 궁금해서 아저씨가 무슨 말을 할지 바짝 기다리고 있었죠.

"영화 〈타이타닉〉을 보면 커다란 빙산이 바다 위에 떠 있는 게 나오는데, 혹시 보았니?"

타이타닉이라는 말에 순간 나는 귀가 번쩍 뜨여서 더 이상 새침을 뗄 수가 없었어요.

"꺅, 레오나르도 디카프리오! 어머, 아저씨도 그 영화 보셨어요? 디카프리오 짱 멋있죠, 그렇죠?"

내가 유일하게 이름을 외우고 있는 배우가 디카프리오였어요. 너무 멋있잖아요. 그런데 내 비명에 아저씨가 너무 놀란 것 같아서 금방 입을 다물어야 했어요.

"아이쿠, 깜짝이야. 빙산 이야기를 하려고 했는데, 내가 예를 잘못 들었구나, 하하하. 거기 보면 디카프리오가 탄 배를 침몰시키는 게 빙산이라고 나와. 그렇지? 빙산은 물 위에 떠 있는데, 사실 극히 일부분만 물 밖으로 보이는 거란다. 대부분은 물 밑에 잠겨 있어서 보이지 않아. 자, 여기 이 작품을 보렴."

아저씨는 다시 '마음'이라는 작품을 가리켰어요.

"여기서 그물로 덮여 있는 이 부분이 바로 물 밑에 잠긴 빙산을 상징한단다."

"물 밑에 잠겨 있는 빙산? 그럼 마음도 그렇단 말이에요?"

"응, 그렇지. 프로이트는 많은 환자들을 치료하면서 알게 되었어. 우리 마음속에는 '우리가 모르는 부분'이 있다는 것을. 우리가 알 수 없는 또 하나의 마음, 마치 물 밑에 잠겨 있는 빙산과 같은 마음 말이야. 이렇게 물 위에 떠오른 부분과 물 밑에 잠긴 부분으로 나누어져 있는 것이 마음이라고 프로이트는 주장했지."

아저씨의 말을 들으면서 나는 다시 아저씨의 작품을 쳐다보았어요. 비록 두 부분으로 나누어져 있지만 한 덩어리인 '마음'에 대해 생각하면서요. 그 순간 번뜩 지나가는 생각이 있었어요. 아! 맞아, 그거야!

"아저씨! '내 마음을 나도 모르겠어.'라고 하는 게 다 이거 때문이죠? 내 마음인데 내가 알지 못하는 부분이 있다는 거잖아요."

"역시 넌 지혜로운 아이구나. 그러니 아저씨가 좀 어려운 말도 섞어서 얘기해 볼게. 물 위를 의식, 물 아래를 무의식이라고 한단다. 그러니까 마음은 의식과 무의식 두 부분으로 나뉜다는 얘기지. 알 수 있는 부분을 의식, 알 수 없는 부분을 무의식. 어때, 별로 어렵지 않지?"

아저씨의 칭찬 때문인지 그다지 어렵게 느껴지지 않았어요. 그렇지만 의식과 무의식이라…… 평소 들어 본 적이 없는 어려운 단어였어요. 나는 마치 대학생이 된 듯 기분이 으쓱해졌어요.

"근데 아저씨는 어떻게 그렇게 많은 것을 알고 계세요?"

"뭐, 이건 내가 생각한 것이 아니야. 아까도 말했지만 마음에 대한 이야기는 모두 프로이트의 주장이야. 사실 난 어

머니의 치매 때문에 공부를 그만두면서 정신적으로 힘들었단다. 급기야 우울증도 걸렸어. 그래서 정신과 치료를 받게 되었지. 다행인 것은 상태가 심하지 않아서 금방 나을 수 있었단다. 그때 나를 치료하신 의사 선생님이 프로이트를 소개해 주셨어. 그 철학자의 생애나 책을 통해 나는 새로운 사실을 많이 알게 되었는데, 어머니의 치매도 프로이트의 치료법대로 하면 좋아질 거라는 믿음도 생겼단다. 그때부터 공부를 하게 되었는데, 이젠 아주 박사가 된 것 같아, 하하하!"

"우와, 저도요! 저도 프로이트 공부 할래요."

"그래? 좋다, 기꺼이 알려 주마. 그런데 지혜 너, 이제 집에 가야 하지 않니? 날이 저물고 있는데."

그러고 보니 어둑어둑 땅거미가 지고 있었어요. 나는 아저씨의 이야기에 빠져 시간 가는 줄도 몰랐지 뭐예요?

"그럼 저는 이제부터 아저씨의 제자가 되어야겠네요? 프로이트에 대해 배우려면 그 정도 자세는 갖춰야 되겠죠?"

"하하하! 오히려 내가 영광이구나. 어쨌든 오늘은 늦었으니 어서 가렴."

"그럼 선생님! 내일 다시 공부하러 오겠습니다."

기분이 좋아진 나는 경례까지 붙였어요. 아저씨는 활짝

웃으며 손을 흔들어 주셨어요.

나는 주택가 골목을 향해 뛰기 시작했어요. 오늘 정은이와 다툰 일, 그래서 선생님께 불려 간 일, 엄마가 미워 집에 가기 싫었던 일은 까맣게 잊었어요. 사실 길 잃은 할머니를 만난 일조차 아주 오래전 일처럼 느껴지네요. 오직 고물상 조각가 아저씨를 만나기 위해, 프로이트라는 사람을 알기 위해 이곳까지 오게 된 것 같거든요. 어쩌면 이 모든 것이 내가 알지 못하는 '무의식'이 준비하고 계획한 일은 아니었을까요?

네 생각은 어때?

지혜는 꽃밭 고물상 아저씨에게 '마음은 빙산과 같다.'라는 이야기를 들어요. 프로이트가 처음으로 한 말을 아저씨가 인용한 것이에요. 이 말이 무엇을 뜻하는지 적어 보세요. ▶풀이는 157쪽에

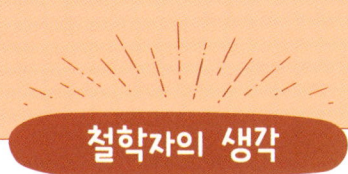

마음속에 숨어 있는 '무의식'이란 무엇일까?

프로이트, 20세기 위대한 정신분석학자

　프로이트는 지금은 체코에 속한 모라비아의 작은 마을 프라이베르크에서 태어났어요. 부모님은 모두 유대인이었고, 일곱 남매 중 맏이였어요. 아버지는 전 부인에게서 얻은 두 아들도 있었어요. 집안은 경제적으로 어려웠지만 부모님은 공부를 잘했던 프로이트가 학업에 전념할 수 있도록 세심하게 배려했어요.

　프로이트는 오스트리아에 있는 빈 대학 의학부에 들어가서 의학 박사 학위까지 받은 후 사회에 나가 신경과 의사가 되었어요. 프로이트가 수많은 신경증 환자들을 만나며 쌓은 임상 경험은 20세기 가장 위대한 사상 체계인 정신 분석학을 발전시켰어요. 그는 예술가적인 상상력과 과학자의 치밀함을 결합하여 인류 역사상 전인

미답의 세계였던 무의식을 밝혀냈어요.

무의식이 우리 마음을 지배하고 조종한다

가끔씩 여러분도 이유를 알 수 없는 행동을 하고 있다는 걸 깨닫고 놀랐던 경험이 있을 거예요. 이런 현상을 프로이트는 무의식이라는 개념을 가지고 설명했답니다. 우선 여러분에게 프로이트가 만든 마음의 지도를 소개해 줄게요.

프로이트는 우리 마음을 의식, 전의식, 무의식, 세 가지로 나누었답니다. 의식은 말 그대로 우리가 의식할 수 있는 것입니다. 전의식은 평소에는 의식하지 못하지만 골똘히 생각하면 의식할 수 있는 것이랍니다. 예를 들면 친구의 핸드폰 번호, 지난여름에 놀러 갔던 도시, 어제 본 축구 경기의 스코어같이 깜박 잊어버렸지만 기억해 내려고 애쓰면 의식할 수 있는 것들이지요.

마지막으로 프로이트가 아주 중요하게 생각한 무의식이 있어요. 무의식이란 우리가 평소에는 전혀 인식하지 못하는 것들이지요. 마음속에서 일어나는 현상 중 많은 부분이 무의식에 속합니다. 우리가 원인을 알 수 없는 행동을 했을 때 우연히 그 행동을 하게 되었다고 생각할 거예요. 하지만 우리가 하는 모든 행동은 원인을 가지고 있답니다. 우연히 하게 되는 행동, 말실수, 꿈, 신경 증상 등은 이 무의식이 작용한 것이랍니다. 예를 들어 오페라에 대해 아무것도 모르는 사람이 무심코 〈라 트라비아타〉의 '축배의 노래'를 콧노래로 흥얼거리고 있다면 자신조차 놀랄 거예요. 알고 보니 그 노래는 한 FM 방송의 아침 프로그램 주제 음악이었고, 그는 우연히 출근길에 그 방송을 들은 적이 있었으며, 자신도 모르게 그 노래를 기억해 흥얼거렸던 겁니다.

무의식은 우리의 꿈, 놀이, 일에서 드러난다

프로이트는 우리가 하는 행동 중 정말로 중요한 측면들은 모두 의식의 영역 밖, 무의식에 위치하고 있는 충동과 욕구들에 의해 형성되고 결정된다고 주장했답니다. 이런 것들을 우리가 알아차릴 수 없는 이유는 왜일까요? 그 이유는 개인이 의식하거나 행동으로 직접 표현되는 것을 막는 강한 힘이 있어서 우리가 알 수 없는 것이라고 프로이트는 설명했어요. 무의식적인 충동들은 우리가 미처 의식하지 못한 채로 우리의 꿈, 놀이, 일 등에서 상징적으로 표현된답니다. 프로이트는 무의식에 대한 자신의 통찰을 그의 환자들을 분석하는 데 이용했어요.

즐거운 독서 퀴즈

1 아래에는 프로이트가 주장한 철학적 명제들이 숨어 있어요. 같은 색깔 단어들을 순서대로 나열하여 세 개의 문장을 완성해 보세요.

> 마음은   빙산과   지배한다
> 의식과   무의식이   마음은
> 같다   마음은   무의식으로   나뉜다

_____

_____

_____

정답
- 마음은 무의식이 지배한다.
- 마음은 의식과 무의식으로 나뉜다.
- 마음은 빙산과 같다.

2 아래는 프로이트의 철학과 그에 대한 설명을 정리한 문장이에요. 괄호 안에 들어갈 알맞은 단어를 써 보세요.

❶ 프로이트는 20세기 의학, 심리학, 종교학, 문화인류학, 철학 등에 광범한 영향을 끼친 (　　　　　)의 이론 체계를 세웠어요.

❷ 프로이트의 가장 큰 업적은 (　　　　　)을 발견했다는 점이에요. 좀 더 정확히 말하면 사람의 감정과 욕망을 발견했다는 것이지요.

❸ 프로이트는 마음은 (　　　　　)의 지배를 받는다고 했어요. (　　　　　)이란 세상에 드러내 놓지 못한 억압된 본능, 즉 욕망과 충동을 말해요.

❹ 무의식은 (　　　　　), (　　　　　), (　　　　　) 등을 통해서 모습을 드러내요.

정답
❶ 정신 분석학   ❷ 무의식
❸ 무의식, 무의식   ❹ 꿈, 말실수, 행동

어떤 사람도 비밀을 지킬 수 없다.
만일 입이 침묵하고 있으면
손가락 끝으로 지껄인다.
배신(背信)은 그의 모든 모공(毛孔)으로부터
스며 나온다.
  — 프로이트

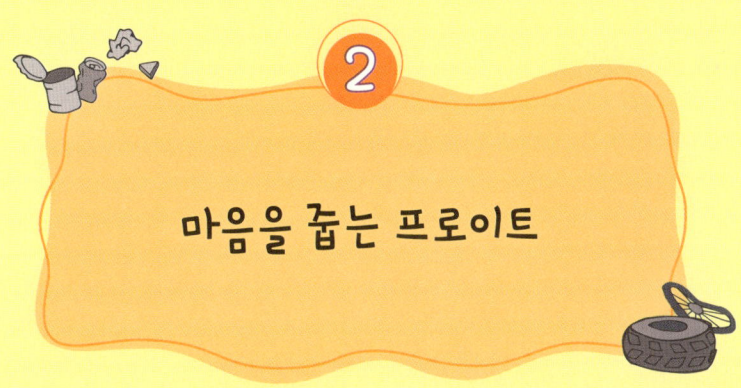

② 마음을 줍는 프로이트

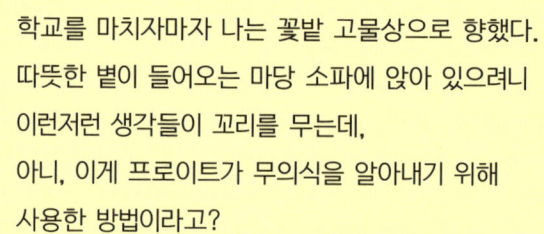

학교를 마치자마자 나는 꽃밭 고물상으로 향했다.
따뜻한 볕이 들어오는 마당 소파에 앉아 있으려니
이런저런 생각들이 꼬리를 무는데,
아니, 이게 프로이트가 무의식을 알아내기 위해
사용한 방법이라고?

꽃밭 고물상의 프로이트 아저씨

　오늘도 나는 엄마가 깨우지 않아도 일찍 일어나서 학교 갈 준비를 했답니다. 어제는 길을 헤매고 다녀서인지 너무 피곤해서 일찌감치 잠들어 오빠 얼굴도 보지 못했어요. 그런데 아침에 일어나 보니 오빠는 벌써 학교에 가고 없었어요. 정말 고3은 피곤한 것 같아요. 뭐, 수능 모의고사 준비라나? 그것 때문에 오빠는 또 바쁘다고 했어요.

　엄마 역시 오늘은 학교 끝나고 가야 할 곳이 있어서 늦는다고 했어요. 아무 말씀 없이 식사만 묵묵히 하시는 엄마를 보며 나는 마땅한 이야깃거리가 없구나, 하고 생각했어요. 아! 프로이트! 그거면 엄마도 관심을 보이시겠죠?

"엄마, 혹시 프로이트라는 사람 알아?"

그런데 엄마는 내 말을 들었는지 못 들었는지, 아무 말씀이 없으셨어요. 그렇게 식사를 마친 엄마는 먼저 자리에서 일어나셨어요.

"너, 밥 남기면 안 된다."

나는 다시 무슨 말이라도 하려다가 그만두고 남은 밥을 찬물에 말아 버렸어요.

학교에 가니 아이들이 슬금슬금 내 눈치를 살폈어요. 아무래도 어제 일 때문인 것 같아요. 그러나 나는 어제 일 따윈 다 잊었는걸요? 그런데 쉬는 시간에 정은이가 슬그머니 내 자리로 지우개를 밀어 넣는 거 있죠. 또 무슨 수작을 부리려는 것이겠죠.

"어? 미안해. 내 지우개가 네 자리로 갔구나?"

미안? 지금 내 귀가 잘못된 거죠? 정은이는 실수로라도 미안하다는 얘길 먼저 꺼내는 법이 없거든요.

"어? 으응……."

나는 대답을 하는 둥 마는 둥 하며 더 이상 말을 하지 않았어요. 그런데 정은이는 그 후에도 자꾸 내 눈치를 살피며 말을 걸 기회를 노리는 것 같았어요. 분명 어제 자신이 잘못한

걸 느끼는 모양이었어요. 게다가 내가 오늘 아무 반응도 보이지 않으니까 내 마음이 어떤지 궁금하겠죠? 그러나 나도 잘 모르는 내 마음을 정은이가 과연 알 수 있을까요?

그러고 보니 너무 궁금해졌어요. 오늘 고물상 아저씨를 만나면 어떤 이야기를 해 주실까요? 아차차, 고물상 아저씨가 아니라 프로이트 아저씨라고 불러야겠어요. 아저씨는 프로이트 박사니까요.

수업이 끝나자마자 누군가가 내 자리로 와서 큰 소리로 떠들었어요.

"어제 우리 할머니가 다녀가셨는데 특별 용돈을 주셨어. 내가 기념으로 떡볶이 쏠 테니까 다 같이 가자!"

주변의 아이들이 환호성을 치며 좋아라 했어요.

"지혜야, 너도 같이 갈 거지?"

누군가가 내 등을 톡톡 쳤지만, 나는 가방을 챙기고 방긋 웃으며 손을 흔들었어요.

"아니, 너희들끼리 가. 난 오늘 중요한 데이트가 있거든?"

내 뒷모습을 바라보며 어리둥절해하는 아이들의 모습이 선해 더욱 웃음이 났어요.

아, 이럴 때가 아닙니다. 빨리 꽃밭 고물상으로 가야 해

요. 숨을 헐떡이며 약수터 길까지 뛰었어요. 고물상 간판이 보이자 나는 조금 숨을 고르며 천천히 걸었어요. 혹시 아저씨가 날 귀찮아하시진 않을까요? 아저씨는 할머니도 돌봐야 하고, 고물도 팔아야 하고, 작품도 만들어야 하는데…….

갑자기 망설여졌어요. 아침에 분명 엄마는 내가 "프로이트라는 사람 알아요?"라고 물었을 때 알아들으셨지만 귀찮아서 대답을 안 했을 거예요. 아침 시간은 아주 바쁘니까요. 하물며 나를 낳아 주신 엄마도 그러신데 어제 처음 만난 아저씨는 오죽하겠어요?

"애, 지혜야?"

등 뒤에서 나를 부르는 소리는? 바로 리어카 가득 고철을 싣고 오시는 아저씨였어요.

"이제 학교에서 끝난 모양이구나? 나도 네가 올 때쯤이 된 것 같아 서둘러 오는 길이란다."

아저씨가 반겨 주시는 덕에 나는 몹시 기분이 좋아졌어요.

"아저씨, 그 고물들로 뭘 만드실 생각이신데요?"

나는 벌써부터 아저씨의 작품이 궁금해졌어요.

"지혜 눈엔 이것이 고물로 보이니? 아저씬 고물을 주워 온 게 아닌데……."

"앗, 죄송해요. 전 당연히 고물인 줄 알고……. 그럼 뭐예요?"

"흐음, 이것들은 '마음의 조각'이지."

"에에? 마음의 조각이요?"

"그럼! 마음의 조각이지. 이거 실망인걸. 착한 사람 눈에는 보이는데……. 지혜는 고물로밖에 안 보이나 봐?"

나는 금방이라도 울 것 같은 표정이 되었어요. 그런데 아저씨는 오히려 금방이라도 웃음을 터트릴 것 같은 표정을 지으셨어요.

"하하하! 녀석, 놀라기는. 아저씨가 농담한 거야. 이것들은 새 작품을 만들려고 직접 구해 온 고철들이란다. 아무래도 그냥 모이는 고철만을 이용해서는 내 마음에 쏙 드는 작품이 나오질 않더구나."

"아이, 아저씨도 참. 얼마나 당황했다고요! 그럼 새 작품으로 뭘 만드실 거예요?"

나는 벌써부터 아저씨의 작품이 궁금해졌어요.

"음, 그건 나만의 비밀."

"피, 아저씨도 참……."

아저씨는 "끙" 힘을 쓰며 리어카를 끌었어요. 나는 아저

씨의 리어카를 뒤에서 "영차!" 하고 밀어 드렸어요.

"아저씨, 그럼 제목은 뭔데요?"

"제목? 음…… 그건 가르쳐 줄 수 있지. 새 작품의 제목은 '쾌락의 원칙'이야."

쾌락의 원칙? 무슨 제목이 그래? 예술가들의 정신세계는 정말 이해하기 힘들다니까.

"에에? 그게 뭔데요?"

"글쎄? 아, 그것도 나만의 비밀."

아저씨의 궁금증 유발 작전이 또 시작된 모양이었어요.

"치, 아저씨는 어차피 다 말해 줄 거면서……. 나 놀리는 게 재밌어서 그러는 거죠?"

"하하하, 그걸 알려면 프로이트 이야기를 먼저 해야 해. 그래야 이해하기 쉽거든. 휴, 다 왔다."

마당에 들어서면서 나는 두리번거렸어요. 할머니가 보이지 않았기 때문이지요. 비록 치매에 걸려 정신이 오락가락하시지만 할머니의 모습은 너무나 해맑고 인자하시거든요. 활짝 웃는 모습과 그리고 꽃사탕을 사 달라고 하실 때의 그 천진난만한 모습이 정말 사랑스러운 분이에요.

"어머니께서 또……."

"어머, 왜요? 또 집을 나가셨나요?"

"아니, 유모차가 없는 걸 보니 아마도 파지나 박스를 주우러 가신 모양이야. 정신이 돌아오면 나를 조금이라도 돕겠다며 늘 바쁘게 움직이셔."

"치매에 걸린 사람이 멀쩡할 때도 있어요? 아차차, 죄송해요."

나는 주책없이 말을 함부로 했다는 생각에 부끄러웠어요.

"아니야, 그렇게 말할 수밖에 없는걸. 우리 어머니는 심각한 치매는 아니셔. 잠시 정신이 없으실 땐 그냥 꽃밭을 찾아가시는 거야. 멀리 가시지는 않으니까 크게 걱정할 필요는 없어. 보통 때는 날 염려하고 따뜻하게 보살펴 주시는 보통 어머니와 다를 바 없지. 몸이 많이 여위고 약하신 것이 걱정이지만. 자, 그럼 아저씨는 땀을 좀 닦고 올 테니까 여기서 잠시 기다리렴."

나는 아저씨를 기다리며 사무실 겸 작업실인 바깥채를 둘러보았어요. 마당이 내다보이는 창문가에는 낡았지만 푹신해 보이는 소파가 놓여 있었어요. 따뜻한 햇볕이 들어오는 소파에 앉아서 아저씨를 기다리는 동안 이런저런 생각이 꼬리에 꼬리를 물고 이어졌어요. 아빠가 살아 계실 때 단란했던 모습도 떠올랐고, 어제 학교에서 정은이가 엄마 아빠를 모시고 오겠다고 하던 장면도 떠올랐어요. 그런데 햇볕이 따뜻해서일까요, 소파가 푹신해서일까요, 마음이 어느 때보다도 편안했어요.

마음을 찾는 명탐정 프로이트

"경치가 좋지?"

창문 밖 풍경을 보고 있느라 아저씨가 나오신 줄도 몰랐어요. 아저씨는 한 잔 가득 담긴 음료수를 내게 건네셨어요.

"제 마음에 쏙 드는 소파예요. 저 여기 앉아 있어도 되죠?"

"그럼! 그 소파에 앉으니까 기분이 어떠니?"

"기분이요? 음…… 마음이 편안해요. 그리고 이런저런 생각이 꼬리에 꼬리를 물고 계속 이어져요. 좀 전까지 어제 정은이랑 싸웠던 일, 어렸을 때 아빠와 즐겁게 놀았던 일을 떠올리고 있었어요."

"그랬니? 프로이트가 무의식을 알아내기 위해 사용한 방

법이 바로 그거란다. 소파에 편안히 누워서 몸의 긴장을 다 풀고, 머릿속에 그때그때 떠오르는 여러 가지 생각들을 말하는 거야."

"프로이트는 왜 무의식을 알아내려고 한 건데요?"

"우리 어제 무의식에 대해 이야기했었지? 마음속에 우리가 모르는 부분이 있다는 것 말이야. 물 밑에 잠겨 있어서 알 수 없는 빙산과 같은 마음이라고 했잖아."

"네, 알아요. 마음은 의식과 무의식으로 나뉜다고 했어요."

나는 창문 밖으로 보이는 '마음'을 쳐다보았어요. 아저씨가 깡통들을 쌓아서 만든 조각품 말이에요.

"잘 기억하는구나. 프로이트가 많은 신경증 환자들을 치료하면서 깨달은 게 있단다. 그건 바로 신경증이 환자 스스로 깨닫지 못하는 마음의 갈등에서 비롯된다는 사실이야. 환자 스스로 깨닫지 못한다면, 그 마음의 갈등은 어디에서 일어나는 것이겠니? 의식? 무의식?"

"환자가 알 수 없다면 당연히 무의식이겠죠? 그런데 아저씨, 잠깐만요! 신경증이 뭐예요?"

"아저씨가 그걸 말 안 했구나. 신경증은 마음이 아파서 몸에 그 증상이 나타나는 거야. 예를 들면 손을 다치거나 질

병에 걸리지 않았는데, 손을 움직이지 못하는 환자가 있었어. 안나 O.라고 알려진 환자인데, 몸엔 전혀 이상이 없는데도 손을 움직이지 못했어. 정말 신기한 일이지? 프로이트가 그 원인을 밝혀냈단다. 안나 O.에게는 돌봐 드려야 하는 병상에 누운 아버지가 있었대. 그런데 안나 O.는 도덕심이 강한 아가씨라 혹시라도 병상에서 꼼짝 못 하는 아버지에게 자신이 나쁜 짓을 할지도 모른다는 불안 때문에 손을 아예 움직이지 못하게 됐단다. 프로이트가 그 사실을 밝혀내기 전에는 스스로도 전혀 깨닫지 못했어. 그런 마음의 갈등이 신경증의 원인이라는 것이 프로이트 이론의 핵심이란다."

 나는 점점 아저씨의 이야기에 빠져들었어요. 안나 O.의 사례는 정말 신기했어요. 무의식 속의 갈등 때문에 손을 움직일 수 없게 되다니! 나는 마음의 건강, 마음의 안정이 얼마나 중요한지 새삼 깨닫게 되었어요. 참, 그런데 우리 오빠는 체한 것도 아니고 상한 음식을 먹은 것도 아닌데 종종 배가 아프다고 했어요. 그때마다 병원에 가면 의사 선생님이 "신경성이에요."라고 했는데, 그럼 오빠도 마음에 갈등이 있어서일까?

 "지혜야? 무슨 생각을 그렇게 골똘히 하니?"

"앗, 죄송해요. 오빠 생각을 하고 있었어요. 오빠가 자주 배가 아프다고 하는데, 의사 선생님이 신경성이라고 하셨거든요. 참, 아저씨! 그럼 프로이트가 안나 O.의 마음속에 그런 갈등이 있다는 것을 소파에 편히 누워서 말하는 방법으로 알아낸 거예요?"

"그렇지. 그때 사용한 방법 중 하나가 소파를 이용한 거야. 자유연상법이라고 하는데, 무의식의 단서를 찾는 가장 좋은 방법이었어. 환자가 편안한 소파에서 긴장을 풀고 자유롭게 떠오르는 생각을 그냥 말하게 하는 거야. 프로이트는 그것을 받아 적고. 그러면서 단서들을 모은 거란다. 그런 면에서 프로이트는 명탐정이지. 마음을 찾는 명탐정. 프로이트는 인간의 모든 행동이나 느낌, 생각은 모두 다 무의식 속의 어떤 원인 때문에 일어난 거라고 말했단다. 그것을 심적 결정론이라고 하지. 그래서 무의식을 알기 위해 온갖 단서들을 찾아 모았단다."

"와, 신기하다. 심적 결정론…… 마음에 원인이 있다. 흐음, 이 소파가 그렇게 대단한 방법이라니. 저도 이 방법을 아빠한테 써 볼래요."

"지혜 아빠도 신경성으로 아프시니?"

나는 순간, '아빠요? 우리 아빠는 돌아가셨는데요.'라고 할 뻔했어요.

"우리 아빠는 왜 물으세요?"

아저씨는 이상하다는 표정으로 고개를 갸우뚱하셨어요.

"지혜가 방금 '아빠한테 써 볼래요.'라고 하지 않았니? 그래서 지혜의 아빠도 오빠처럼 신경성으로 배가 아프신 줄 알았지."

나는 그제야 말이 잘못 나왔다는 것을 알았어요. '오빠한테'라고 할 것을 '아빠한테'라고 한 모양이에요.

"아차, 실수! 오빠라고 한 거였는데……."

"아, 그래? 그러고 보니 프로이트가 무의식의 단서를 모으기 위해 사용한, 다른 재미있는 방법이 생각나는구나. 지혜가 방금 한 것 같은 실언 있지? 말실수 말이야. 그것도 무의식을 엿볼 수 있는 단서란다. 프로이트는 『일상생활의 정신 병리학』이라는 책에서 실언, 실수, 꿈도 다 무의식에 원인이 있다고 했어. 그 책에 소개된 재미있는 예를 하나 들어 줄게. 여행지에서 만난 두 남자가 있었어. 남자 A는 아내가 뒤늦게 도착할 예정이었고, 남자 B는 혼자 여행을 하는 중이었지. 둘은 같이 식사도 하고 여기저기 구경도 하면서 유

쾌한 시간을 보냈어. 그렇게 며칠이 지나서 남자 A는 그날 남자 B에게 배가 무척 고파 보인다며 먼저 저녁을 먹으라고 했대. 남자 B는 별생각 없이 혼자 저녁을 먹었지. 그런데 알고 봤더니 그날 오후에 남자 A의 아내가 도착했던 것이었어. 남자 B는 그제야 남자 A가 그날 평소와 다르게 자기와 함께 있는 것을 재미없어하고 배고파 보인다며 먼저 저녁을 먹으라고 한 이유를 알게 되었지. 다음 날 아침, 남자 B는 식사를 하러 레스토랑에 갔다가 그 부부와 마주쳤어. 반갑게 인사를 하자 부인이 함께 아침이라도 먹자고 청하지 않겠어? 남자 B는 당연히 좋다고 하고 잠깐 은행에 다녀오겠다며 자리를 비웠단다. 그런데 재밌는 것은 남자 B가 돌아왔을 때 앉을 자리가 없었다는 거야. 왜냐하면 남자 A가 겉옷을 벗어 남자 B가 앉을 자리에 놓아두었거든. 남자 B가 앉을 데가 없어서 한참을 서 있자 그제야 남자 A는 자기 옷이 남자 B가 앉을 의자에 놓여 있다는 것을 깨닫고 깜짝 놀라며 옷을 치워 주었다고 해. 남자 A가 어째서 남자 B가 앉을 의자에 옷을 놓아두는 실수를 했는지 지혜도 짐작할 수 있지?"

"아, 남자 A는 아내와 단둘이만 있고 싶었던 거예요. 그래서 옷을 남자가 앉을 의자에 놓아두는 실수를 했어요. 그렇죠?"

"그래, 맞아. 아내와 단둘이만 있고 싶다는 남자 A의 무의식적 소망의 표현이었던 거야. 이렇게 프로이트는 실수, 실언, 꿈 등을 통해서도 무의식을 알아냈단다."

우리는 프로이트 이야기를 너무 재미있게 하느라고 할머니가 들어오시는 것도 몰랐어요. 할머니는 유모차 가득 박스와 폐지를 싣고서 피곤한 기색도 없이 활짝 웃으시며 들어오셨어요. 아저씨가 얼른 달려가 할머니의 유모차를 대신 끌고 들어왔어요.

"우리 아들 배고프지? 엄마가 얼른 밥을 지어 주마. 조금만 기다려라, 아가야!"

할머니는 검고 쭈글쭈글하고 작은 손을 들어 커다란 아들의 얼굴을 쓰다듬었어요. 아저씨는 마치 어린아이처럼 즐거운 표정으로 할머니가 하시는 것을 지켜봤어요. 할머니가 집 안으로 들어가시면서 나에게 찡끗 눈웃음을 보였어요. 무척 좋아 보였어요.

아참, 너무 오랫동안 이곳에 머물러 있었어요. 엄마가 돌아오시진 않았을까?

나는 아저씨에게 내일 또 와도 되냐고 묻고는 대답도 듣지 않은 채 언덕길을 뛰기 시작했어요. 엄마가, 우리 엄마가 보고 싶어지는 거 있죠?

네 생각은 어때?

프로이트는 우리가 하는 행동 중에서 정말로 중요한 것들은 모두 의식의 영역 밖, 무의식에서 나온다고 했어요. 프로이트가 평소 우리가 알아차릴 수 없는 무의식을 어떻게 알 수 있다고 했는지 적어 보세요.

▶풀이는 158쪽에

집안 분위기가 왜 이래?

집을 향해 얼마나 뛰었는지 숨이 턱까지 찼어요. 나는 문 앞에서 열쇠를 찾다가 그만두고 혹시나 하는 마음에 초인종을 눌렀어요. 누구세요? 우와! 엄마가 계셨네요?

"엄마, 지혜예요!"

너무나 기쁜 마음에 목청껏 대답했어요. 엄마가 일찍 들어오셔서 맛있는 반찬도 해 놓고, 내가 얼마나 학교생활을 잘하고 있는지 자랑스럽게 물어봐 주시기도 하겠죠? 엄마가 일찍 들어오시는 날은 괜히 기분이 좋아졌어요.

그런데 문을 열어 주고 돌아서는 엄마의 뒷모습이 굉장히 어두워 보였어요. 무슨 일이 있으신 건가? 엄마는 말없이 주방으로 가서 저녁을 짓고 계셨어요. 보글보글 끓는 된장국 냄새며, 아빠가 좋아하셨다는 갈치구이 냄새가 솔솔 풍겨 오니 저절로 침이 꼴깍 넘어갔어요. 다른 때 같았으면 '엄마, 좋은 냄새가 나는데 오늘 메뉴는 뭐예요?' 하고 물었을 테지만 어쩐지 오늘은 조용히 분위기를 살펴야 할 것 같네요.

엄마에게 말 한마디 걸지도 못하고 가방을 내려놓았어요. 욕실로 들어가 꼼꼼히 씻고 책을 읽고 있었지요. 엄마가 부를 때까지 그냥 그렇게 있는 편이 나을 것 같았으니까요. 혹시 내가 너무 늦게 들어와서 엄마가 화나신 걸까? 내가 또 무의식중에 아빠 이야기를 꺼낸 걸까? 아니면…… 지난번 정은이와 싸웠던 사실을 알게 되신 건가? 도무지 알 수가 없었어요. 엄마는 정말 화가 나거나 아주 슬프면 저렇게 말씀을 안 하셨어요. 뭔가 문제가 있긴 있는데…….

"나와서 밥 먹어라!"

책을 읽는 척하고는 있었지만 글자는 하나도 머릿속에 들어오지 않았죠. 바깥에서 들려오는 소리에 온 귀를 곤두세우고 있었으니까요. 엄마의 목소리가 들리자 나는 기다렸다는 듯이 밖으로 달려 나갔어요.

"엄마, 저…… 늦게 들어와서 죄송해요."

"괜찮아, 그렇게 늦지도 않았는데 뭘."

엄마의 표정이 별로 바뀌지 않는 것을 보니 내가 잘못해서 그런 것 같지는 않아 다행이었어요. 나는 한껏 분위기를 바꿔서 말했어요.

"우와! 엄마 음식 솜씨는 정말 대단해. 너무 맛있는걸요?"

엄마는 살짝 미소를 짓는 것 같았지만 표정이 다시 어두워졌어요.

"지우도 얼른 나와서 밥 먹어!"

지우는 우리 오빠예요. 오빠가 집에 있었나 봐요. 오빠는 지금 학원 아니면 독서실에 있을 시간인데? 왜 지금 집에 있는 거죠?

그런데 오빠는 나오지 않았어요. 엄마가 오빠 방으로 들어갔어요. 곧이어 오빠가 엄마를 따라 나오네요. 오빠가 식탁 앞에 앉자 엄마도 의자에 앉았어요. 나는 겨우 숟가락을 들고 엄마와 오빠의 눈치를 살폈어요. 오빠, 왜 이렇게 집에 일찍 왔어? 입이 간질거렸지만 차마 물을 수가 없었어요. 뭔가 분위기가 심상치 않았거든요.

휴! 이렇게 맛있게 차려진 저녁 식탁을 앞에 두고, 그것

도 정말 오랜만에 온 가족이 함께 앉아 먹는 식사인데 이렇게 불편할 수가요!

음식은 입에 달았지만 분위기는 영 쓰네요. 오빠가 제일 먼저 식탁에서 일어났고 두 번째로 엄마가 일어났어요. 나는 좀 더 먹고 싶었지만 식탁에 버티고 앉아 있을 자신이 없어 아주 작은 목소리로 "잘 먹었습니다." 하고는 내 방으로 돌아왔어요.

온 가족이 집 안에 있지만 아무도 없는 것처럼 조용한 저녁이었어요. 나는 일찍 숙제를 마치고 잠자리에 들었어요. 그러나 잠은 오지 않았지요.

오빠는 왜 집에 일찍 온 걸까요? 엄마에게 무슨 문제가 생긴 걸까요?

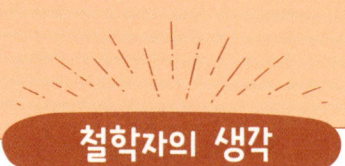

사람의 행동과 느낌은 무의식에서 나온다

무의식은 숨어 있는 빙산처럼 크다

프로이트는 인간의 마음을 빙산에 비유했답니다. 인간의 의식은 수면 위에 드러난 조그만 부분에 불과하며 수면 밑에 잠겨 있는 대부분이 바로 무의식입니다. 인간의 모든 행동, 느낌, 생각은 실수처럼 보이는 행동이라 하더라도 모두 무의식 속의 어떤 원인 때문에 생깁니다. 이것을 '심적 결정론'이라고 말합니다. 즉 우리의 정신생활에서 나타나는, 우연인 것 같고 상호 연관성이 없어 보이는 현상들 모두가 무의식적인 동기에 의해 일어나는 행동이라는 거죠.

사람은 무의식적 동기에 의해 움직인다

프로이트는 모든 행동의 주된 원인은 무의식적인 정신 속에 깊게 숨어 있어서 결코 의식으로 인지할 수 없다고 말했답니다. 그러므로 사람들이 자기 행동에 대해 설명하는 이유는 결코 그 행동의 참된 동기나 원인이 아니라는 거죠. 프로이트는 일상 행동과 '최면 후 상태의 주장' 사이의 유사성을 비유로 들며 설명했습니다. 최면 후 상태를 예로 들어 볼게요.

최면술사가 최면에 걸린 한 남자에게 다음과 같이 명령합니다. "당신은 깨어난 후 최면 중에 무슨 일이 일어났는지 기억하지 못할 겁니다. 하지만 지금으로부터 10분 있다가 당신은 방 뒤로 걸어가서 거기에 있는 우산을 집어 들고 펴십시오."

잠시 후 최면에서 깨어난 남자는 10분 후에 우산을 펴라는 명령을 행동에 옮깁니다. 남자에게 물어보니, 우산을 펴라는 최면술사의 명령(충동의 근원인 무의식적인 동기)을 들은 기억이 없다고 했습니다. 이 사례가 의미하는 바는, 사람들은 의식 없이도, 즉 무의식적인 동기에 의해서도 충분히 행동한다는 사실입니다.

무의식을 어떻게 알 수 있을까?

그럼 우리가 의식하지 못하는 무의식을 어떻게 알 수 있을까요? 무의식은 어떤 형태로 존재하는 걸까요? 무의식의 단서들을 찾기 위해 프로이트는 '자유연상법'을 개발했답니다. 그는 환자에게 등을 대고 누워 긴장을 이완하도록 하고, 관습적인 논리의 제약으로부터 자유로워지며, 그것이 아무리 말이 안 되는 것일지라도 의식에 떠오르는 모든 생각과 그림들을 말해 달라고 했어요. 또한 '꿈'에 대해 이야기하도록 했답니다.

프로이트에 따르면 꿈은 자유연상의 가장 순수한 활동입니다. 잠자는 동안에는 무의식적인 생각을 억누르는 힘이 약해지기 때문입니다. 또한 무의식의 형태를 알아보는 또 다른 방법은 '실수'랍니다. 프로이트에 따르면 실수는 결코 우연한 사건이 아니라 무의식적 소망의 표현입니다.

즐거운 독서 퀴즈

1 아래는 프로이트의 철학과 그에 대한 설명을 정리한 문장이에요. 맞으면 ○, 틀리면 × 표시를 해 보세요.

❶ 인간의 행동, 느낌, 생각은 무의식에서 일어난다. 즉 모든 것은 마음에 원인이 있다는 것으로, 이를 심적 결정론이라고 한다. (   )

❷ 프로이트는 환자가 긴장을 풀고 편안하고 자유롭게 떠오르는 생각을 말하게 하는 자유연상법을 사용해 환자들을 치료했다. (   )

❸ 사람들에게 일어나는 우연한 사건이나 상호 연관성 없는 행동들은 특별한 동기나 이유 없이 그냥 벌어진다. (   )

❹ 실수는 우연한 사건이 아니라 무의식적 소망의 표현이다. (   )

정답
❶ ○　❷ ○　❸ ×　❹ ○

2 보기에서 골라 설명에 맞는 단어를 써 보세요.

보기

무의식   마음   욕망과 충동

❶ 무의식과 늘 함께 생각하고 행동하면서 무의식의 지배를 받는 것
(   )

❷ 의식의 영역 밖, 무의식에 숨어 있는 본능적인 감정
(   )

❸ 인간의 마음 대부분을 차지하는 것이자 마음 깊이 잠재되어 있는 것
(   )

정답

❶ 마음
❷ 욕망과 충동
❸ 무의식

3 다음은 꽃밭 고물상 아저씨가 들려준 프로이트의 환자 이야기예요. 괄호 안에 알맞은 말을 적어 보세요.

( )은 마음이 아파서 그 증상이 겉으로 드러나는 병이다. 손을 전혀 다치지 않았는데도 손을 움직이지 못하는 안나 O.라는 환자가 있었다. 안나 O.에게는 병상에 누운 아버지가 있었다. 안나 O.는 무척 도덕심이 강한 아가씨라서 혹시라도 병상에서 꼼짝 못하는 아버지에게 자신이 나쁜 짓을 저지를지도 모른다는 불안 때문에 손을 아예 움직일 수 없게 되었다. 이러한 마음의 갈등이 ( )의 원인이라는 것이 프로이트 이론의 핵심이다.

정답

인간은 위대해지고 싶은 욕망을 갖고 있다.
— 프로이트

③ 역동하는 마음

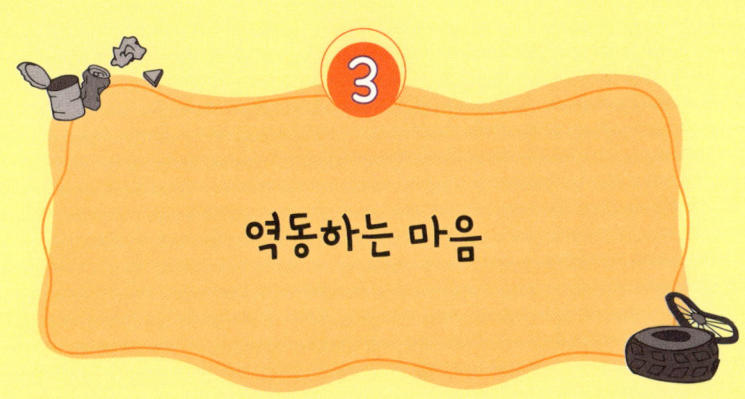

언제나 아빠처럼 의젓하고 모범생이던 오빠가
학교에서 모의고사를 치지 않았단다.
아니 이게 무슨 일이야?
걱정스러운 마음에 고물상 아저씨에게
고민을 털어놨는데,
오빠에게 마음의 병이 있다니!

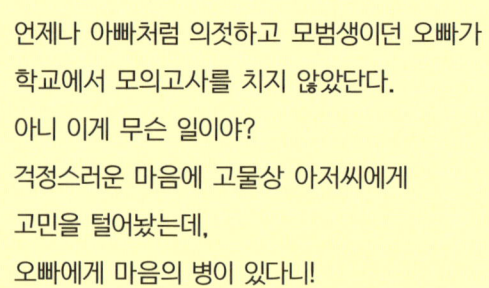

범생이 오빠가 시험 거부를?

어젯밤 우리 집 분위기에 대해 온갖 추측을 하다 보니 늦게 잠들어 버렸어요. 아침에 늦잠을 잘 뻔한 나를 엄마가 깨웠어요. 나는 얼른 등교 준비를 하며 엄마에게 슬그머니 물었어요. 엄마는 끝내 말씀을 하지 않다가 집을 나서려는 내게 조심스럽게 말씀해 주셨어요.

나는 엄청난 충격을 받았지요. 이해가 되지 않았어요. 나같이 감정적이고 우발적인 아이라면 또 모를까, 오빠가 그런 행동을 하다니요?

수업 시간에도, 수업이 끝나고 집으로 돌아오는 길에도 온통 오빠 생각뿐이었어요. 오빠의 마음이 이해가 되는 것도 같고, 정말 생각 없는 행동 같기도 했지요.

나는 오빠 생각에 하마터면 꽃밭 고물상으로 가는 길을 놓칠 뻔했어요. 정신을 차리고 약수터 길로 접어들면서 오빠 생각을 조금 접어두기로 했어요.

나는 주머니를 뒤졌어요. 그리고 꽃사탕을 꺼냈어요. 꽃사탕은 꽃 모양은 아니에요. 값싸고 맛없는 그냥 알사탕이었어요. 여러 가지 색소가 섞여 알록달록하지만 아무런 향도 없는 그냥 설탕 맛 사탕이었어요. 할머니는 이 사탕을 달고 맛있게 드신 경험이 있어서인지, 어느 날 갑자기 이 사탕에 집착하기 시작했다고 했어요. 요즘엔 여러 과일 향을 내는 새콤달콤 부드러운 사탕들이 얼마나 많은데! 그런데도 할머니는 꼭 이 사탕을 꽃사탕이라고 부르며 좋아하셨답니다. 나는 꽃사탕을 꺼내어 들고 고물상 안으로 들어갔어요. 할머니는 의자에 앉아 꾸벅꾸벅 졸고, 아저씨는 고물들을 가지고 조각품을 만드시느라 내가 온 것도 모르셨어요.

"할머니, 꽃사탕 사 왔어요!"

할머니가 번쩍 눈을 뜨셨어요. 나는 할머니에게 달려가 사탕 껍질을 까 드렸어요. 할머니는 입안에 사탕을 넣고 오물오물 굴렸어요. 아주 귀여운 표정으로요.

"오, 지혜 왔구나?"

아저씨는 여러 고철을 용접하고 누르고 접고 땀을 흘리며 힘들게 만들고 계셨어요. 작품은 얼핏 보기엔 사람의 모습 같은데 아직 뚜렷한 형상은 알아볼 수가 없었어요. 아마 '쾌락의 원칙'을 만들고 계신가 봐요.

아저씨는 하던 일을 멈추셨어요.

"어쩐지 오늘 지혜 표정이 어두워 보이는데? 무슨 고민 있니?"

"아, 아니요……."

어쩐지 말하기가 꺼려졌어요. 아직까지 집안 이야기를 누구에게도 해 본 적이 없거든요. 오빠 이야기를 하다 보면 내 성격 이야기도 해야 하고 우리 아빠가 돌아가셨다는 이야기도 해야 할 테니까요. 그렇게 꼭꼭 숨겨 두었던 이야기는 하고 싶지 않아요. 왠지 말하기가 두려워요.

"별로 말하고 싶지 않은 모양이구나? 그럼 말하지 않아도 좋아. 마음에서 스스로 말하고 싶을 때 말해도 늦지 않으니까."

아저씨는 아주 부드러운 목소리로 말했어요. 아저씨의 따뜻한 목소리가 마치 내 마음을 부드럽게 쓰다듬어 주는 것처럼 느껴졌어요. 오빠 이야기 정도는 해도 되지 않을까, 하는 생각도 들었고요. 아무리 생각해도 나는 오빠의 행동이 이해되지 않았지만, 아저씨는 오빠가 왜 그런 행동을 했는지 알 수 있을지도 모르잖아요?

"사실은 우리 오빠가 지금 고3이거든요? 프로이트 선생님만큼은 아닐지 모르지만 아주 모범생이에요. 그런데 어제 엄마가 오빠 학교에 불려 가셨어요."

"아니, 왜?"

"오빠가 수능 모의고사를 보지 않았대요. 그냥 보기 싫어서 보지 않았대요. 아무 의미가 없어서 보지 않았대요. 아무리 생각해도 이해가 되지 않아요. 오빠는 아빠처럼 언제나 든든하고 믿음직한 아들이었는데. 한 번도 말썽을 부리지 않은 모범생인데 말이에요. 오빠가 왜 그랬을까요?"

아저씨는 잠시 아무 말 없이 깊은 생각에 빠져 있었어요.

"글쎄, 오빠가 아마도 시험을 잘 봐야 한다는, 부모님께 실망을 시키는 일을 해서는 안 된다는 생각에 억압되어 있었나 보다. 그것이 갑자기 폭발한 것이고. 아마도 오빠는 그동안 말하지 않았을 뿐이지 마음의 병을 앓고 있었는지도 모르지."

"말도 안 돼요. 오빠는 몸도 마음도 건강해요. 고3이 되어 바빠서 그렇지, 제겐 아주 의젓한 오빠였어요. 커서 오빠 같은 남자를 만나고 싶을 정도였으니까요. 오빠와 오랜 세월 함께 살아온 제가 장담하건대, 우리 오빤 마음의 병 같은 건 앓지 않아요!"

괜히 화가 났어요. 오빠가 환자 취급을 받는 것 같았기 때문이지요.

"저런, 저런. 지혜가 오해를 한 모양이구나. 나는 그런 뜻이 아니었는데……. 오빠의 무의식 속에 잠재되어 있는 억압이 표출되지 않았나, 하는 생각이었는데……."

"무의식에 잠재되어 있는 억압?"

모범생 오빠가 시험을 보지 않았다는 사실 하나만으로도 머리가 어질어질한데, 억압이라니요? 이건 또 무슨 얘기인가요? 으악! 너무너무 복잡해서 머리가 터질 지경이에요.

"좀 어렵지?"

나도 모르게 머리를 감싸 쥐고 소리를 지르자 아저씨가 슬금슬금 눈치를 보았어요.

여우와 신 포도

"먼 길을 걸어온 여우는 목이 몹시 말랐단다."

한참이나 침묵이 흐른 뒤, 아저씨가 조용히 이야기를 시작하셨어요.

나도 모르게 침을 한 번 꿀꺽 삼켰지요. 여우 녀석만큼이나 나도 목이 말랐어요.

"여우는 샘물을 찾아 주위를 살피다가 탐스럽게 열린 포도를 발견했어."

"어어? 포도? 아저씨가 처음 저를 봤을 때 말했던 그 신 포도 이야긴가요?"

나는 잠깐 잊었던 아저씨의 신 포도 이야기에 눈이 동그래졌어요. 아저씨는 고개를 끄덕이며 빙그레 웃으셨지요.

"와! 포도가 참 맛있게 생겼는걸! 여우는 입에 군침이 돌아 어쩔 줄을 몰랐지. 그런데 포도는 여우가 따 먹기에 너무 높은 곳에 매달려 있었어. 이곳저곳을 살피던 여우는 가장 낮은 곳에 있는 포도를 찾아냈지. '옳지, 저거라면 내가 따 먹을 수 있겠다!'"

아저씨는 마치 여우처럼 폴짝폴짝 뛰며 포도 따는 흉내를 냈어요. 히히히, 그 모습이 어찌나 우스운지 나는 배를 움켜잡고 웃었지요.

"그렇지만 번번이 입에 닿을 듯 말 듯 포도는 떨어지지 않았어. '아니, 이 포도는 왜 이렇게 높이 달려 있는 거야?' 여우는 있는 힘을 다해 또 뛰어올랐지만 역시 포도를 딸 수 없었어. 포도를 먹고 싶은 마음에 하루 종일 덩굴 아래서 뛰어오르기를 시도한 여우는, 그렇지만 끝내 포도를 따 먹을 수가 없었지. 해질 무렵이 되자 여우는 포도를 포기하고 말았어."

"에구, 불쌍해라. 괜히 하루 종일 고생만 했네! 일찌감치 포기하고 다른 샘물이나 찾을 것이지."

나는 여우가 어리석기도 했지만 불쌍하다고 생각했어요.

"여우가 포도밭을 돌아서며 혼잣말로 중얼거렸단다. 지

혜야, 여우가 뭐라고 했을까?"

"뭐…… '괜히 고생만 했잖아!' 하고 투덜거렸을 것 같기도 하고, '괜찮아, 샘물을 찾으면 되지 뭐!' 했을 것 같기도 하고……. 아이, 모르겠다. 근데, 여우가 뭐라고 했는데요?"

"흥, 아마 저 포도들은 매우 실 거야. 그래서 난 안 먹을 테야!"

하하하하! 나는 배를 움켜잡고 웃었어요. 새치름한 여우 목소리를 흉내 내는 아저씨의 모습이 우습기도 했고, 여우의 혼잣말이 어이가 없기도 했지요.

네 생각은 어때?

꽃밭 고물상 아저씨는 지혜에게 여우와 신 포도 이야기를 들려주며 자신을 보호하기 위해 만드는 자아의 비상수단인 방어 기제에 대해 이야기해 줍니다. 프로이트가 이야기한 방어 기제가 무엇이며 방어 기제가 나타난 경험이 있다면 어떤 경우였는지 적어 보세요. 그리고 방어 기제에는 '합리화'라는 것도 있는데, 여러분이 실제로 합리화로 불안을 해소하려고 했던 사례를 들어 보세요.

▶풀이는 159쪽에

"여우 그 녀석, 참 웃기네요? 먹어 보지도 않고 포도가 신지 단지 어떻게 안다고. 히히히! 그렇지만 여우처럼 생각하는 편이 마음 편하겠죠. 아무리 해도 딸 수 없는 포도라면 신 포도라고 믿어 버리는 편이 훨씬 나으니까."

"그래, 그런 걸 바로 합리화라고 해. 자기 행동의 진짜 동기를 무의식 속에 감추고 다른 그럴듯한 구실을 붙여서 납득하게 만드는 것, 일종의 방어 기제지."

자아의 비상수단

"방어 기제요?"

겨우 신 포도를 이해했는데, 뭐 방어 기제라니! 입안에 신맛이 고이는 것 같네요.

"오빠가 시험에 어떤 의미를 찾지 못하고 갈등하다가 '에잇, 모르겠다!' 하고 자신이 받아들이기 어려운 감정이나 생각을 의식에서 무의식의 세계로 쫓아 버리는 자아의 활동을 억압이라고 한단다. 억압하고 있는 욕망이나 충동과는 정반대의 태도나 행동을 취하는 것, 예컨대 오빠가 시험을 보지 않는 것으로 극도의 성적 관심을 극도의 성적 멸시로 드러내는 태도를 '반동 형성'이라고 하는데 이 모두를 방어 기제라고 해."

"근데, 아저씨! 그런 방어 기제가 왜 나타나는지 그것이 궁금해요."

"그걸 이해하려면 원초아, 자아, 초자아에 대해 먼저 알아야 한단다. 프로이트는 우리 마음이 서로 갈등하는 원초아, 자아, 초자아로 이루어져 있다고 했어. 이 중 의식에서 무의식까지 걸쳐 있는 것이 자아와 초자아이고, 원초아는 무의식에 자리 잡고 있단다. 그런데 무의식에 자리 잡고 있는 원초아는 태어나면서부터 가지고 있는 건데, 철저하게 쾌락을 추구하고 고통을 회피한단다. 그래서 자아가 현실, 도덕과 충돌하는 원초아의 욕구를 통제하고 조절하는 거야. 마음과 몸이 다 건강한 사람은 이 세 부분이 서로 사이좋게 지내면서 서로 이해하고 재미있게 지낸단다. 그런데 마음이 아픈 사람은 이 세 부분이 서로 갈등을 일으키면서 싸우기 때문에 항상 불안해."

엥? 또 어려운 말들이 나오네?

"그래서요, 아저씨? 그렇게 세 부분이 사이좋게 지내지 못하고 갈등을 일으켜 불안해지면 어떻게 되는데요?"

"불안을 느끼는 자아는 처음에는 큰 문제를 일으키지 않고 조용히 잘 해결하려고 하지. 대부분은 이렇게 불안이 사라지고 자아는 현실을 관리하는 사령관으로 더욱더 강해지지만, 뜻밖에도 불안이 자아보다 한 수 위에 있는 경우에는 좀 심각해지지. 이렇게 자아가 불안을 아무리 타일러도 조용하게 해결되지 않는다는 것을 알게 되면 어쩔 수 없이 최후의 비상수단을 쓴단다."

"비상수단이요? 자아가 어떤 비상수단을 쓰나요?"

"자아는 불안이 얼마나 세게 덤비느냐에 따라서 여러 가지 방법을 동원하지."

"아! 알았다. 혹시 아까 아저씨가 말씀하신 방어 기제?"

"역시, 지혜야! 자아는 해서는 안 되는 나쁜 생각이나 불안을 만들어 내는 원인을 밝은 의식으로 대하기가 너무도 싫어지기 때문에 그걸 의식 밖으로 밀어낸단다. 이런 방식이 곧 억압이지. 아예 기억하지 못하도록 하는 것이지. 예를 들면 우리가 아주 위험한 것을 보거나 경험하면 불안이 생기는데, 이때 자아는 감당하기 어려운 큰 불안은 못 본 것처럼 의식에서 쫓아내서 무의식에 가둔단다. 의식에서 밀어낸다는 것은 우리가 기억하지 못하도록 만든다는 의미라는 건 알지? 그래서 어떤 일이 더 이상 기억이 안 나도록 하는 거지."

"그럼 자아가 억압을 하는 이유가 불쾌한 것과 마주치지 않으려고 하는 건가요? 예를 들면 괴롭히는 친구가 맞은편에서 오고 있을 때 마주치지 않으려고 다른 길로 가는 것처럼?"

"그렇지. 억압된 느낌이나 일은 다시는 사람들의 의식 속으로 들어올 수가 없단다. 그렇지만 심하게 억압을 하면 우리 몸은 스트레스를 받기 때문에 아주 힘들어하면서 배가 아프거나 열이 나고, 심각한 병이 나기도 하며, 마비 증세가 생기기도 한단다. 특히 사춘기에는 억압된 것들이 강하게 되살아나면서 평소와는 아주 다른 모습을 보이기도 하지. 갑자기 성적이 떨어지면서 폭력적으로 변하거나, 성질이 급해지고 자꾸만 실수를 하는 일이 생기기도 해. 그뿐만 아니라 다른 사람들을 못마땅해하면서 특히 부모님에게는 아주 변덕스러운 태도를 보인단다. 하지만 이런 변화는 성장하면서 차츰 안정을 찾게 돼. 자아가 보다 더 강해지고 자신감이 생기면 불안이 아무리 공격을 해 와도 문제없이 처리되기 때문이야. 나이가 들면 자연스럽게 억압도 사라지고, 억압하느라고 에너지를 쓸 필요도 없게 돼."

"그럼 억압이라는 것은 불안을 일으키는 기분 나쁜 것들을 모두 기억 밖으로 쫓아내는 일이군요. 그러니까 무의식의 지하실로 내려보내서 평생을 거기서 지내도록 하는 것 말이에요."

"그렇지!"

아저씨는 무릎을 탁 치셨어요.

"그러면 이런 경우는 어떤 건가요? 어떤 아이가 너무 미워요. 그 아이는 자기를 중심으로 다른 아이들이 모여들지 않으면 못 견디는 것 같아요. 예를 들면 MP3나 카메라 폰, 연예인 사진들, 뭐 그런 걸 가지고 다니면서 환심을 사요. 저는 그 애뿐만 아니라 MP3, 카메라 폰, 연예인 사진, 그런 게 싫어요. 유치하고 시시해요!"

은근슬쩍 정은이에 대한 나의 심리가 어떤 것인지 여쭤 보고 싶었는데, 지난번 선생님께 불려 갔던 사건이 떠올라 나도 모르게 화가 났어요. 어머? 귀까지 화끈거리네요.

"지혜가 흥분하는 걸 보니 재밌는걸. 친구에 대한 증오를 다른 대상에 돌려서 불안을 해소하려는 기제를 '치환'이라고 해."

이번엔 내 속마음을 들켜 부끄러운 마음에 얼굴이 달아올랐어요.

아저씨는 또 다른 설명을 해 주셨어요. 실제로 일어난 일을 받아들이고 싶지 않아서 절대로 인정하지 않는 '부정'에 대해서요. 예를 들면 친한 친구가 자기를 배신했을 때 이 일을 인정하는 것이 너무 고통스러워서 그럴 리 없다고 우기는 경우가 그렇겠죠? 그리고 '퇴행' 같은 것은 어른이 되기를 거부하고 자꾸 어린아이로 돌아가려는 것이라고 해요. 동생이 태어나면 소외되는 것이 두려워서 아기보다 더 아기 같은 행동을 하는 경우예요. 또 '고착'은 애착과 비슷한 것으로 엄마와 떨어져야 하는 아이들에게서 흔히 볼 수 있다고 해요. 예를 들면 입학 첫날 몸이 아파 와서 엄마 곁에 누워 있으려고 하는 행동이라네요. 이것이 심해지면 새로운 출발을 두려워한 나머지, 자꾸만 옛날에 집착하게 되고, 실패할지도 모른다는 두려움 때문에 새로운 것을 시작하지 못하고 괴로워하기도 한대요.

"아저씨, 지금까지 이야기해 주신 것들이 불안을 피하는 방법이라고 말씀하셨지만, 결코 좋은 방법은 아닌 것 같아요. 왠지 더 많은 문제를 만드는 것 같기도 하고요."

"맞는 말이다. 지금까지 말한 방법들은 불안을 이겨 내는 좋은 방법은 아니란다. 그래서 자아가 어쩔 수 없이 선

택하는 것이라고 내가 말했지. 절대로 좋아서 하는 게 아니야. 이런 방법들은 오히려 현실을 똑바로 보고 해결하기보다는 숨기고, 외면하고, 왜곡시키는 것이라서 오히려 마음의 안정을 어지럽히지. 이렇게 하면 자아는 오히려 위축되고, 끝내는 적응력을 잃게 된단다. 결국 자아는 나약해져서 또다시 더 큰 불안에 싸이게 되고, 마침내는 마음의 병에 걸리지. 그런데도 왜 이런 방법을 택하느냐고 묻고 싶은 거지? 그건 아직 자아가 자기를 공격하는 것들을 막아 낼 능력이 충분하지 못하기 때문이야. 그렇지만 자아가 발달하면 아무런 문제가 없게 돼."

"아, 그러면 지나치게 걱정할 필요는 없군요. 자아가 성숙하면서 자연스럽게 불안을 해결하는 능력도 커질 테니까요."

"그렇단다. 자아가 발전하면 충동적이고 본능적인 에너지를 창조적인 일로 돌려서 큰 성공을 거두려고 노력하게 된다. 그래서 흔히 많은 고통을 겪은 사람들이 오히려 성공한 삶을 살지 않니? 이것을 '승화'라고 한단다."

승화라는 말은 어쩐지 아저씨가 지금까지 설명하신 것보다 한 차원 높은 것 같았다.

"승화는 말 그대로 지금 당장 채워지지 않은 욕구를 보다 차원 높고 가치 있는 무엇으로 발전시키는 것을 의미해. 억압된 본능적인 소원을 무조건 참고만 있는 대신, 참고 견디는 데 필요한 에너지를 더 많은 지식을 얻거나, 봉사 활동을 하거나, 어떤 창조적인 일, 즉 예술 활동을 하는 데 써서 불안을 이겨 내는 거지. 이런 식으로 억압된 본능을 해결하면 본능은 더 이상 멋대로 소리 지르면서 의식과 자아를 괴롭히는 훼방꾼이 아니야."

"아하! 일찍 헤어진 엄마에 대한 소망을 성모 마리아로 표현한 레오나르도 다 빈치가 바로 그런 예가 될 수 있겠네요? 그 그림들은 세계적인 예술 작품이 됐잖아요."

"오호, 제법인걸? 그럼 문제 하나 내 볼까? 그런데 이렇게 다 빈치와 달리 억압된 욕구를 승화하지 못하고 그대로 무의식 속에 가두어 놓고 자신을 망가뜨리거나 남에게 피해를 주는 사람들도 많아. 지혜는 무엇 때문에 사람들이 이렇게 두 방향으로 나뉜다고 생각하니?"

"아저씨, 그건 너무 쉽게 풀 수 있는 질문이네요. 그것은 자아라고 생각해요. 자아가 이런 갈등을 이겨 낼 만큼 강하다면 승화 방향으로 가는 것이고, 자아가 억압된 본능을 이겨 내지 못하면 반대로 가겠죠."

"너무 쉬운 문제를 냈나? 내가 지혜를 너무 과소평가한 모양이구나. 그렇다면 조금 더 어려운 문제를 내 볼까? 이렇게 억압된 본능은 인류가 살아가는 데 어떤 역할을 할까? 내 말을 이해하겠니? 내 질문의 뜻은 '억압과 인류의 역사가 어떤 관계가 있을까?'야."

하고 싶은 것을 참는 것과 수백만 년 동안 이어진 인류의 삶과의 관계? 처음에는 너무나 거창하게 들려서 어렵다는 생각이 들었지만, 조금 더 생각해 보니 답이 보였어요.

"음, 조금 어렵다는 생각이 들긴 하지만 제 생각을 말씀드릴게요. 생명이 있는 모든 것들은 본능적인 욕구가 있고, 누구나 그 욕구를 채우려고 한다고 하셨잖아요? 그런데 동물은 아무 거리낌 없이 본능을 채울 수 있지만 사람은 그렇게 해서는 안 되는 것이니까, 싫어도 어쩔 수 없이 참는 것을 배우면서 본능을 억압한다고 하셨어요. 그렇지만 억지로 억압된 본능은 마음을 병들게 하고 결국은 우리를 망가지게 할 수도 있잖아요? 그래서 더 훌륭한 일을 함으로써 억압된 본능을 풀어서 해소하는 거예요. 이렇게 할 줄 아는 생명체는 사람뿐이고, 승화가 계속 수천 년 동안 이루어져 왔겠지요? 아! 알겠어요. 억압으로 인해서 꼭 나쁜 것만 생기는 것이 아니고 예술, 운동, 지식의 발달 등이 이루어지니까, 결국 억압은 인류 문화와 문명의 뿌리인 것 같아요. 즉 억압은 승화를 낳고 승화는 창조적인 결과를 가져오니까요."

글쎄 여기까지 단숨에 말을 해 놓고 나는 스스로 놀라서 너무나 잘난 척했나 싶은 생각에 얼굴이 빨개졌어요. 어찌나 민망한지!

"대단하다. 정말 훌륭해! 더 보충할 것이 없을 정도로 완벽한 총정리야. 내가 제자를 아주 잘 둔 것 같구나, 하하하!"

"아저씨, 너무 띄우지 마세요. 정말 그렇다고 생각하면 어떡해요?"

"아니야, 진심으로 하는 말이야."

아저씨는 말씀을 마치고는 빠른 걸음으로 집 안에 들어가셨어요. 그러고는 근심스러운 표정으로 나오셨지요.

"무슨 일이 있으세요?"

"응, 어머님께서 요즘 잠을 너무 많이 주무셔서……. 무슨 꿈을 꾸시는지 신음 소리를 내거나 빙긋이 웃기도 하셔. 음식도 예전처럼 많이 드시지 못하셔서 걱정이야. 체구는 작으셔도 참 씩씩한 분이셨는데, 요즘엔 좀 약해지신 것 같아."

어쩐지 내가 올 때마다 자꾸 졸고 계셨던 것 같아요. 할머니가 어디 편찮으신 건 아니겠지요? 나 때문에 아저씨가 시간을 많이 뺏기신 것 같아 조금은 죄송한 마음이 들었어요.

"어머님을 좀 깨워 봐야겠어. 점심 식사도 거의 하지 못하셨거든. 그럼, 오늘 수업은 여기까지 할까?"

"괜히 저 때문에 허구한 날 시간을 많이 뺏기시는 게 아닌가 걱정이 돼요."

"쓸데없는 생각! 나도 지혜 덕분에 다시 공부하는 기분이 들어. 때로는 내가 정말 프로이트가 된 기분이 들기도 해서 좋아."

오히려 즐거워하시는 아저씨를 보니 마음이 좀 가벼워졌어요. 정말 친절하신 분이에요. 우리의 인연은 정말 우연이

네 생각은 어때?

꽃밭 고물상 아저씨는 불안을 피하는 여러 방법을 지혜에게 알려 줘요. 프로이트가 말한 불안을 피하는 방법들과 그 방법들 중에서 '승화'라는 것은 무엇인지 예를 들어 적어 보세요.

▶풀이는 160쪽에

아닌 것 같네요. 진짜 프로이트 선생님이 내게 보낸 수호천사가 바로 아저씨가 아닐까 싶어요. 아저씨 덕에 내 마음의 비밀이 조금씩 풀려 가고 있으니까요.

철학자의 생각

마음의 구조 =
원초아 + 자아 + 초자아

프로이트는 마음의 구조를 다시 세 가지 갈등 요소로 나누었어요. 바로 원초아, 자아, 초자아입니다.

원초아

프로이트가 말하는 원초아란 가장 기본적이며 태어날 때부터 가지고 있는 마음의 구조입니다. 간단하게 말하자면 무의식의 본능이랍니다. 원초아는 마음의 밑바닥에 존재합니다. 인간의 가장 기본적인 생물적 특징을 말하죠. 예컨대 음식, 배설 등의 본능적 욕구가 생기면 즉각 충족하고자 하는 것이 바로 원초아입니다. 무조건적인 쾌락을 추구하는 쾌락 원칙을 따르므로 자신과 타인의 안위 따위에는 관심이 없답니다.

자아

자아는 원초아를 통제하기 위한 것입니다. 본능적 욕구를 이성적이고 논리적으로 해결하고자 노력합니다. 자아의 합리적인 사고 때문에 자신이나 타인의 안전을 위험에 빠뜨리지 않고 본능적 욕구를 충족시키는 적절한 경로와 행동을 찾을 수 있습니다. 자아는 다시 말해, 마음의 경영자이며 지적 과정과 문제 해결의 장소입니다.

초자아

초자아는 마지막으로 발달되는 마음의 구조입니다. 자아로부터 분화되어 나온 것으로 행동의 선악을 재판하는 재판관 같은 역할을 합니다. 개인이 사회에서 살아가기 위해서는 사회의 가치와 규범과 윤리의 체계를 획득해야 합니다. 이 체계는 사회화 과정을 통해 얻어지는데, 프로이트는 초자아의 형성으로 발달된다고 보았습니다. 부모의 훈육을 통해 양심이나 죄책감, 도덕성 등으로 발달하게 되죠. 초자아는 원초아의 욕구 충동을 억제하고 자아가 도덕적 목표를 추구하도록 도와주는 일을 합니다.

프로이트가 설명하는 마음의 구조를 머릿속 그림으로 그려 보세요. 좀 더 쉽게 이해할 수 있어요.

즐거운 독서 퀴즈

1 서로 관련 있는 것끼리 선으로 연결해 보세요.

원초아 •   • 원초아를 억제하고 이성적으로 해결하려는 정신

자아 •   • 본능적인 욕구

초자아 •   • 도덕적 목표를 추구하는 정신

2 높이 달려 있는 포도를 따기 위해 하루 종일 헛고생만 한 여우는 화가 나서 다음과 같이 말합니다. 프로이트는 여우의 행동을 무엇이라고 정의했을까요? (   )

> 아마 저 포도들은 매우 실 거야. 그래서 난 안 먹을 테야!

❶ 행복론   ❷ 합리화   ❸ 심적 결정론   ❹ 초자아

정답

1 • 원초아 – 본능적인 욕구
• 자아 – 원초아를 억제하고 이성적으로 해결하려는 정신
• 초자아 – 도덕적 목표를 추구하는 정신

2 ❷ 합리화

3 보기에서 골라 설명에 맞는 용어를 빈칸에 써 보세요.

> **보기**
>
> 합리화   억압   부정
> 퇴행   고착   승화

❶ 실제 일어난 일을 받아들이고 싶지 않아서 인정하지 않는 심리
(   )

❷ 행동의 진짜 동기를 숨기고 그럴듯한 구실을 붙여 스스로 납득하는 심리
(   )

❸ 어려운 감정이나 생각을 의식에서 무의식의 세계로 쫓아 버리는 심리
(   )

❹ 채워지지 않는 욕구를 차원 높고 가치 있는 것으로 발전시키는 심리
(   )

❺ 어른이 되기를 거부하고 자꾸 어린아이로 되돌아가려는 심리
(   )

❻ 새로운 도전이 두려워서 시작을 못 하고 과거에 집착하는 심리
(   )

정답
❶ 부정 ❷ 합리화 ❸ 억압
❹ 승화 ❺ 퇴행 ❻ 고착

인간이 자신의 사랑과 노동에 만족하면
그 사람의 삶은 완성된 것이다.
　　　　　　　　　　　－프로이트

4

꿈 속에서 나는…

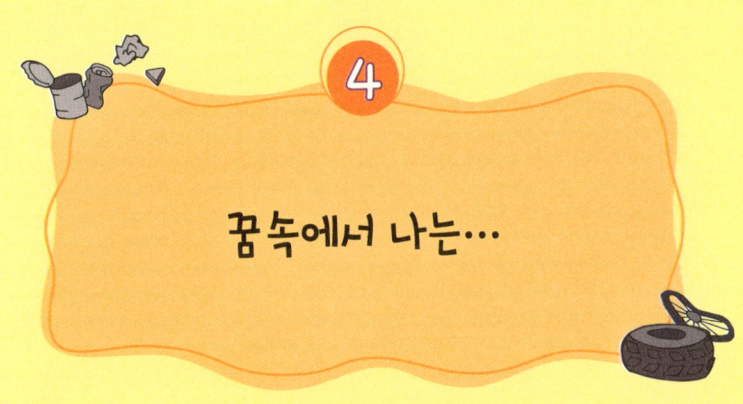

수학 경시대회가 있는 날.
시험을 보다 말고 화장실이 급해진다.
그런데 오줌을 누려고 하면 나오지 않고
또 누려고 하면 또 나오지 않고…….
미치겠다! 시험 시간은 다 끝나 버리고…….
나 어떡해!

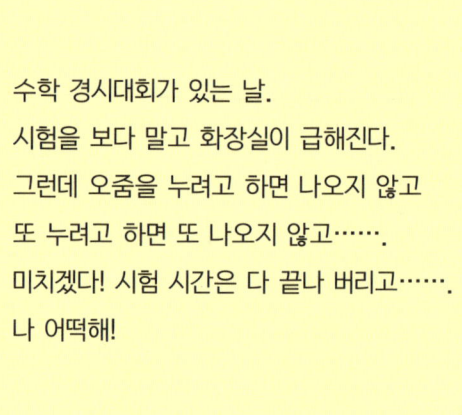

이상한 꿈

수학 경시대회가 있는 날!

여러 과목을 고루 잘하는 편이지만 그중 가장 자신이 없는 과목이 수학이랍니다. 답이 나오는 과정이 재미있다가도 한번 막히면 도무지 해결 방법을 찾지 못하고 헤매기 일쑤지요. 드디어 시험 시작종이 울렸어요. 요즘 꽃밭 고물상에서 프로이트 공부를 하느라 집에 돌아오면 몹시 피곤해서 금방 잠이 들어 버렸지요. 어제 저녁에도 공부를 하려고 눈을 비비고 또 비볐지만 그만 잠이 들고 말았지 뭐예요.

시험지를 받는 나는 깜짝 놀랐어요. 세상에! 이건 하나도 모르겠는걸요? 숫자들이 뒤엉켜서 도무지 뭘 묻는 문제인

지 하나도 모르겠어요. 그런데 갑자기 오줌이 마렵기 시작한 거예요. 긴장한 탓이겠지요. 시험 보다가 오줌이 마렵다니! 조금만 참고 시험을 봐야 하는데……. 저런, 그런데 이젠 더 이상 참을 수가 없을 것 같아요.

"저…… 선생님, 화…… 화장실이 너무나 급해요!"

"그럼, 빨리 다녀오렴."

안 된다고 하실 줄 알았는데 다행히 허락해 주셨어요. 수업 시간에 화장실 간다는 말만 나오면 까르르 웃어 대는 아이들이지만, 시험에 집중하느라 그런지 아무 반응도 없어요. 긴장감이 흐르는 교실을 빠져나와 화장실로 달려갔어요.

그런데 이게 또 웬일이에요? 오줌이 너무 마려워서 화장실에 앉았는데 갑자기 오줌이 나오지 않는 거예요. 옷을 입으려고 하면 다시 오줌이 마렵고, 오줌을 누려고 하면 또 나오지 않고……. 미치겠는 거 있죠? 그러기를 수십 번. 그런데 갑자기 종이 울리는 거예요. 시험 시간이 끝난 거지요. 이를 어쩌지요? 미처 시험을 보지 못했는데……. 서둘러 화장실을 나오려고 하는데 이건 또 무슨 일이에요? 문이 잠겨 열리지 않는 거예요. 분명 화장실에 나 혼자 있었는데!

나는 화장실 안에서 문을 두드리기 시작했어요. 아무리

세게 쳐도 아무도 나타나지 않았어요. 분명 시험이 끝났다면 아이들이 화장실로 몰려들 텐데, 문이 잠긴 채로 화장실은 조용하기만 했어요.

"살려 주세요! 제발 누가 문 좀 열어 주세요!"

나는 소리를 질렀어요. 그때 누군가가 나를 불렀어요.

"지혜야! 지혜야!"

두리번거렸지만 사방이 막힌 화장실 안에서는 아무도 보이지 않았어요.

으악! 나는 온 힘을 다해 화장실 문을 힘껏 밀었어요. 문밖에는 엄마가 계셨어요.

"엄, 마!"

"왜 이렇게 늦잠을 자니? 서둘러야겠다. 지각하겠어!"

휴, 꿈이었나요?

"참, 오늘 수학 경시대회 있다고 하지 않았니?"

"아, 네……."

"편안하게 보렴. 너무 긴장을 했는지 너 꿈도 꾸는 것 같더라?"

아, 꿈이었군요. 다행이에요. 적어도 시험을 못 보진 않았으니까요.

마음이 어떻게 아파요?

　시험이 끝나고 오늘은 단축 수업을 해서 일찍 끝났어요. 다행히 시험을 아주 못 보진 않은 것 같아요. 물론 어제 공부를 거의 하지 못했지만 평소 실력을 아낌없이 발휘했고, 또 아는 문제가 많이 나온 것 같아 한시름 놓았어요. 어젯밤 꿈도 내 마음과 관계가 있는 걸까요?
　나는 빨리 꽃밭 고물상으로 달려갔어요. 아저씨께 말씀드리면 분명 내 마음을, 꿈을 이해하실 것만 같았거든요. 그런데 아저씨께 오줌이 마려워서 화장실에 갔다는 이야기는 정말 하지 못하겠네요. 그래도 나는 숙녀인데…….
　아저씨는 고물상 안을 정리하고 계셨어요. 평상시엔 좀

지저분한 곳이었죠. 당연할 수밖에요. 고물들을 쌓아 놓고 고물들로 만들어 놓은 작품들이 있는 곳인걸요. 그런데 오늘은 그런 고물상이 깔끔하네요. 고물들도 잘 정리해 놓으니 깨끗하게 정돈이 되는군요. 그런데 아저씨의 표정은 좀 밝지 않았어요. 뭔가 근심이 있는 얼굴이에요.

"아저씨! 무슨 걱정이라도 있으세요?"

"응, 지혜 왔구나? 이상하게 어머님이 자꾸 잠을 많이 주무셔서 걱정이야. 무슨 일이 생기진 않을까 불안해. 꿈자리도 어수선하고. 그래서 오늘은 여길 좀 정리하고 내일은 병원에 가 볼까 해. 아무렇지 않아 보이지만 아무래도 어디가 편찮으신 것 같거든."

"아무 일 없어야 할 텐데, 정말 걱정이에요. 그럼 지금 할머니는 또 주무세요?"

"응, 점심 드시고 또 주무셔……. 힘이 없으셔서 그런 걸까?"

"참, 아저씨! 아까 아저씨가 불안해서 꿈자리가 어수선하다고 하셨잖아요? 불안한 것하고 꿈은 무슨 연관이 있나요? 사실은요……."

나는 화장실 이야기만 쏙 빼놓고 수학 경시대회에서 시

험을 못 본 꿈을 꾸었다는 말씀을 드렸어요.

"제가 그런 꿈을 꾼 건 분명 불안해서 그런 것 같아요. 아저씨가 불안하다, 꿈이 어수선하다, 하는 말이 제 마음에 와 닿는 것 같거든요."

"음, 그래 확실히 시험에 대한 불안, 다시 말하면 '시험을 잘 봐야 하는데 그렇지 않으면 어쩌지?' 하는 불안한 마음에서 그런 꿈을 꾼 것 같구나. 불안은 우리의 마음을 구성하고 있는 세 영역, 원초아, 자아, 초자아 사이에서 갈등이 일어났을 때 생기는 감정이라고 지난번에 말했었지?"

역시 그랬군요!

"불안을 통해 사람은 무엇인가 마음속에서 평소와는 달리 잘못되었다는 것을 알게 되지. 그러니까 우리 마음속에서 울리는 경보 장치와 비슷한 거야. 불안이 '이봐, 지금 뭔가가 좀 이상해. 잘 좀 살펴봐.'라고 말하면, 자아 또는 의식은 자신의 심리 상태를 전달받고 '앗, 그렇구나. 이러면 안 되는데, 무슨 방법을 찾아봐야지. 그런데 어디가 어떻게 잘못된 거지?' 하면서 문제를 찾아 나서는 거야. 이 말은 한편으로 자아가 약해져서 위험에 처했다는 뜻이기도 하지."

"맞아요. 불안하면 집중도 안 되고 머리만 멍해지는 것 같

아요. 좀 엉뚱하긴 하지만 불안을 안 느낄 수는 없을까요?"

"모든 사람들은 살아가면서 원초아와 자아, 그리고 초자아 사이에서 갈등을 느끼게 마련이란다. 불안이 아주 없는 상황은 극히 드물지. 이 말의 뜻은 모든 불안이 다 자아를 해치는 것이 아니라는 뜻이야. 대부분의 불안은 생활하면서 저절로 해결되기 때문에 문제가 되지 않는단다. 하지만 불안은 단순한 고통이나 슬픔과는 뚜렷하게 구별되는 불쾌한 느낌이야. 무엇엔가 쫓기는 듯한 '공포감'과 비슷하다고 할까?"

아하! 그래서 내가 화장실에 갇혀 공포를 느꼈던 거구나?

불안은 세 가지 정도가 있다고 했어요. 우선 실제로 현실에서 어떤 일이 생겼을 때 판단하는 능력이 뛰어난 자아가 알아채는 불안이지요. 현실적인 불안이라고 해요. 내가 느낀 불안이 바로 여기에 해당되는 거겠죠? 둘째는 실제로 현실에서는 아무런 일이 생기지 않는데도 밀려오는 불안이래요. 이유도 분명하지 않고 그냥 혼란스러운 상태의 불안이지요. 신경증적인 불안이라고 하는데 좀 심각할 것 같아요. 그리고 세 번째는 초자아가 계속해서 '안 돼, 그건 안 돼.'라고 하면서 일으키는 불안인데, 죄의식이나 부끄러움을 심하게 느낄 때 생기는 도덕적 불안이랍니다.

"그런데 아저씨, 실제로 우리에게 닥치는 일이나 끔찍한 사고는 자아가 혼자 아무리 막으려 해도 안 되는 경우가 많이 있지 않을까요? 그러면 자아가 불안이 경고하는 '조심해.' 하는 말을 들어도 어쩔 수가 없을 것 같아요."

"그렇단다. 그런 경우가 실제로 있는데, 특히 어린아이에게 많이 일어나지. 아이들은 외부의 위험이나 공격을 혼자서 막아 낼 능력이 없기 때문이야. 그러면 아이들은 공포에 질린 채 엄청난 고통과 충격을 당하게 되는데, 이러한 고통을 겪는 경험은 마음속 깊이 새겨져서 무의식에 남게 된단다. 이것을 '외상(트라우마)'이라고 하는데 외상은 상처라는 뜻이라고 이미 말했을 거다. 이것은 무의식에 있다가 비슷한 경험이나 충격을 받게 되면 다시 엄청난 불안으로 자아에게 소리를 친단다. 그래서 외상이라는 경험은 특히 어린아이에게는 무서운 결과를 가져올 수 있어. 외상을 입게 되면 마음의 병이 깊이 들어서 어떤 때는 평생 동안 심하게 아프게 되니까 말이야."

"그럼 보통 하는 말인 '마음이 아프다.'는 것 말고, 정말 마음의 병이 든다는 것은 우리 몸이 병든 것처럼 아프다는 뜻인가요?"

"불행한 일이지만 그런 뜻이지. 심하게 마음을 다쳐서 이런 고통이 무의식에 갇히면 일종의 '정신병'이 생겨서 치료를 받아야 해. 아까 말한 두 번째, 세 번째 불안을 겪을 때도 마찬가지란다. 원초아가 '나는 하고 싶단 말이야.' 하고 소리 지르면 초자아는 '뭐라고? 안 돼. 부끄러운 줄 알아.' 하는데 이 양쪽의 주장은 서로에게 직접 하는 것이 아니라, 모두 자아에게 하는 거지. 그러면 자아는 '날더러 어떻게 하라고 이러는 거야? 나 미칠 것 같아. 나 좀 내버려 둬.' 한단다. 이런 상황이 되면 사람들은 갑자기 소리를 지르거나 남에게 욕설을 하기도 하고, 행패를 부리기도 하지."

"우리 마음속에 이렇게 많은 또 다른 마음들이 있으리라고는 꿈에도 생각하지 못했어요. 갑자기 무서운 생각이 들어요. 정말 정글 속을 탐험하고 있는 것 같은 착각이 들어요."

"하지만 무섭게 생각할 필요는 전혀 없단다. 우리가 불안을 느끼는 것은 다시 한번 강조하지만, 자아에게 닥칠 수 있는 위험을 미리 알아서 예방하는 것이 목적이야. 그래서 대개는 자아가 확고해지고 강해지면서 불안은 사라지게 돼. 그러나 마음의 상처를 어렸을 적에, 그것도 여러 번 받았다면, 특히 이미 말한 것 같은 외상이나 또는 엄한 부모로부터 자주 매를 맞았거나 벌을 받았다면, 불안의 그림자는 늘 남아서 자아를 힘들게 하지. 그래서 어릴 적 경험이 아주 중요하단다. 불안은 우리가 피하고 싶어도 피할 수도 없지만, 또 우리가 성숙하고 발전하기 위해 꼭 필요해. 다만 주의할 것은 불안이 자아를 짓누르거나 계속해서 괴롭히지 않도록 하는 것이지. 자아가 이런 고통에 빠지게 된다면 심리 치료를 받아야 하고."

"그러니까 정리하자면, 불안은 피할 수 없는 고통이지만 또 우리에게 꼭 필요한 도전이군요. 그리고 대부분의 불안은 자아에 의해서 잘 극복되기 때문에 걱정할 필요는 없다는 것, 다만 심한 충격이나 너무 엄격한 처벌이나, 아니면

네 생각은 어때?

프로이트는 원초아, 자아, 초자아의 균형이 무너지려고 할 때 자아가 불안을 체험한다고 했어요. 자아는 불안을 감소시키기 위해 다양한 방어 기제를 사용합니다. 그런데 불안은 반드시 해소해야 할 부정적인 것만은 아닙니다. 불안이 주는 장점에 대해 생각해 보세요.

▶풀이는 161쪽에

지나치게 본능을 막았을 때 생기는 불안은 무의식에 갇혀서 자꾸 되살아난다는 것이지요!"

"정말 지혜는 어려운 내용을 정리하는데 천재구나? 놀라운 능력이야."

으쓱한 기분이 들었지만, 그것보다 꿈의 내용이 무엇을 말하는 것인지 좀 더 자세히 알고 싶었어요.

"그런데 아저씨, 저…… 꿈 이야기 말이에요. 뭔가 무의식과 관계가 있어서 그런 꿈을 꾼 것 같은데……."

꿈속의 비밀 통로

"그래, 꿈! 꿈에 관한 해석은 쉬운 것 같지만 매우 어려워."
"근데 대체 왜 꿈을 꾸는 거예요?"

꿈을 꾸지 않는다면 좀 심심하겠지만, 정말 꾸고 싶지 않은 꿈을 꾸고 나면 잠잔 것 같지 않고 몹시 피곤하기만 해요.

"잠을 자는 동안 꿈을 꾸는 이유는, 그때의 의식은 깨어 있을 때처럼 사방을 두리번거리면서 무의식을 감시하지 못하고 쉬기 때문이야. 다시 말하면, 무의식이 꿈을 통해 평소에 이루지 못한 소원을 이루는 거지. 그래서 흔히 '꿈같은 일이지.'라든지, 현실에서는 불가능한 일을 '꿈에서라도 할 수 있다면…….' 하고 바라지. 다른 말로 하면 의식이 잠든 틈을 이용해서 무의식은 지하실에서 나와 한바탕 자기들의 파티를 하는 거지."

"무의식의 파티! 정말 너무나 멋있어요. 그러니까 무의식에 억압되어 있는 많은 소원들이 밤에 살짝 지하실을 빠져나와 잔치를 벌이는 거군요. 그런데 어떤 꿈은 도대체 뒤죽박죽으로 뒤엉켜서 알 수가 없던데요? 그런 꿈도 무의식을 표현하는 꿈인가요?"

그럼 내가 화장실에 갇혀 시험을 치르지 못한 것은 내 무의식 속에서 시험을 피하고자 하는 소원 때문이었을까요?

"꿈에는 여러 가지가 있단다. 아주 단순한 꿈은 소원을 어느 정도는 알아볼 수 있어. 그래서 피하고 싶은 것이 있을 때는 날아서 도망을 가고, 먹고 싶은 것을 참아야 할 때는 맛있는 음식을 먹는 꿈을 꾸지. 하지만 늘 그런 건 아니란다. 꿈은 어릴 때부터 꾹꾹 눌러서 숨겨 둔 본능적인 소원이, 최근에 일어나는 일과 얽혀서 표현되는 거야. 그리고 아무리 의식이 잠을 자고 있다고 해도 '코드'가 아주 뽑힌 것은 아니지 않니? 그래서 의식은 쉬면서도 부끄러운 소원이 다 드러나면 창피하다는 것을 알고 있기 때문에 '검열'하는 것을 완전히 멈추지는 않는단다. 그래서 들키지 않으려고 무의식의 본능은 '위장'하고 '가면'을 쓰고 나타나는 거지. 붙잡혀서 다시 억압되고 싶지 않은 거야. 그러니까 꿈에는 두 가지가 있단다. 하나는 직접적으로 표현이 되어서 말하고자 하는 내용이 겉으로 드러난 꿈이고, 다른 하나는 암호와 비밀 번호가 있어야만 풀 수 있는 꿈이 있어. 후자는 숨어 있는 '내용'이 있는 거지. 이 숨어 있는 '잠재'된 것에는 무의식의 아주 중요한 부분이 들어 있어서 잘 안 열리기 때문에 무의식을 열 수 있는 특별한 방법을 따로 사용해야 한단다. 그렇게 하지 않으면 '잠재'해 있는 '내용'이 무엇인지 전혀 알 수 없거든."

"그러면 꿈도 수학 문제처럼 푸는 공식이 있다는 뜻인가요?"

아, 수학하니까 수학 경시대회가 생각나 마음이 움찔하네요. 그런데 수학을 푸는 공식처럼 꿈도 풀어내는 공식이 있다는 건 정말 대단한 거 아니에요? 정말 흥미롭기도 하고요.

"그렇게 말할 수도 있지. 물론 수학 공식하고는 다르지만. 왜냐하면 무의식은 위장을 하고 전혀 엉뚱한 모습으로 꿈에 나타나긴 하지만, 그것은 의식이 다시 쫓아내는 것을 피하려는 거야. 무의식의 진심은 자기가 하는 말을 들어 달라는 거야. 즉 무의식은 자기가 그렇게 나쁘고 추악한 악당이 아니라는 말을 의식에게 전하고 싶은데, 꿈에서마저 의식은 쫓아낼 생각만 하니까, 가면을 쓰고 동물로 변하기도 하고, 유명한 배우의 얼굴에 발레리나의 몸을 가진 모습으로 변하기도 하지. 사람들이 생각하는 것보다 무의식의 위장술은 훨씬 좋기 때문에 '꿈의 메시지'를 알아내기 위해서는 전문적인 도움이 있어야 한단다."

역시 쉬운 일은 아니군요. 수학처럼 꿈을 풀이하는 공식이 있다면 정말 최선을 다해 그 공식을 모두 외워 백 점을 받을 수 있도록 열심히 공부해 보려고 했는데.

아저씨는 뭐가 그리 우스운지 크게 웃으셨어요.

"그는 기차를 타고 있었어. 열차가 넓은 들판에 서 버렸지. 무슨 사고가 일어날 것 같아서 달아나야겠다고 생각한 그는 차장이건 기관사건 만나는 사람을 모조리 때려죽이면서 잇따라 찻간을 빠져나갔단다."

"으악! 끔찍해라. 무슨 살인 사건 이야기예요?"

"아니, 어떤 사람이 프로이트에게 자신의 꿈 이야기를 한 거야. 하하하!"

느닷없는 이야기에 내가 깜짝 놀라는 모습이 아저씨는

우스웠나 봐요. 어렸을 때 분명 개구쟁이였을 거예요. 특히 여자아이들을 놀리는 못된 장난꾸러기, 흥!

"프로이트는 이 꿈을 해석해서 꿈을 꾼 남자의 심리를 파악했지. 남자는 어떤 친구의 이야기를 생각해 냈어. 이탈리아의 어느 선로에서 일어난 일인데, 한 미치광이가 조그마한 찻간에 갇혀서 호송되고 있었단다. 한 여객이 실수로 그 찻간을 열었대. 밖으로 나온 미치광이는 열차의 손님을 닥치는 대로 죽였어. 어? 지혜가 의심스러운 눈으로 날 쳐다보네? 이건 실제 있었던 얘기야!"

"어쨌든, 그래서요?"

"꿈꾼 남자는 자기를 그 미치광이와 동일시하고 있었던 거야. 프로이트는 그의 꿈을 이따금 괴롭히는 강박관념 즉, 자기를 잘 알고 있는 사람은 죄다 쫓아 버려야 한다는 생각을 표현하고 있다고 해석했어."

"한 가지 이야기를 통해 남자의 꿈을 그런 식으로 해석한다는 것이 조금 억지스럽지 않아요?"

"그 꿈의 유인이 된 더 좋은 동기가 있어. 꿈을 꾼 남자는 전날 극장에서 한 처녀와 재회했어. 그는 과거에 그 처녀와 결혼할 생각이 있었는데, 여자가 그에게 질투를 일으키게 하는 짓을 해서 단념했대. 만일 그가 그 여자와 결혼했다면 질투가 차차 심해져서 실제로 미쳐 버렸을지도 몰라. 즉 그는 그 여자와 관계있는 사나이들을 모조리 죽여 버려야 하지 않을까, 하고 생각했을 정도로 그 처녀를 바람둥이로 믿고 있었어. 달아나기 위해 잇따라 찻간을 빠져나가는 것을 프로이트 상징에서는 '결혼하고 있다'는 상황으로 해석하지."

"그 꿈을 꾼 사람이 환자같이 느껴져요! 참, 꿈을 해석한다는 일은 쉬운 일이 아니네요. 정말!"

"맞아, 실제로 신경증 환자의 꿈 이야기야. 또 열차가 넓은 들판에 멈춰 서고 사고가 일어날 듯한 공포를 품은 점에 대해 남자는 이렇게 말했대. 전에 그가 철도 여행을 했을 때, 역이 아닌 곳에서 갑자기 열차가 서 버렸다는군. 그때 '아마 열차가 충돌했나 봐요. 이런 때는 두 다리를 높이 쳐드는 것이 가장 안전해요.' 하고 같은 찻간에 탄 젊은 여자가 설명했대. 그런데 이 다리를 높이 쳐든다는 말은 그가 예전에 애인과의 행복한 첫사랑 시절에 즐긴 산책과 소풍을 연상시킨 거야. 그러면서 다시 그녀와 결혼했더라면 틀림없이 미쳤을 거라는 자신의 마음을 알게 된 거지. 이 모든 것을 종합해서 프로이트는 남자가 꿈을 통해 미치광이가 되고 싶다는 소망이 지금도 남아 있다는 심리 상태를 확신하게 되었어."

"휴! 정말 우리가 꾸는 꿈은 단순한 것이 아니군요."

"대부분의 꿈은 대리 만족을 위한 거니까 크게 문제가 되지 않는단다. 다만 마음의 병을 가진 사람들에겐 이런 꿈들이 마음을 치료하는 중요한 열쇠야. 그러니까 꿈을 잘 풀어서 숨겨진 비밀을 알아내야지. 비밀이 풀리면 무의식은 의식으로 바뀌어 더 이상 문제를 못 일으키게 되는 거야. 프로이트는 꿈속에서 나타나는 여러 가지 암호가 중요하다고 말했기 때문에 사람들은 이런 것들을 '프로이트의 상징'이라고 부른단다. 꿈은 분명히 무의식을 보여 주지만, 풀어내는 방법을 알지 못하면 소용이 없겠지? 꿈을 풀어서 메시지를 알아내는 일이 정신 분석의 핵심이지. 그런 점에서 꿈은 예술과도 비슷하단다. 예술도 이해하는 방법을 알아야 더 잘 감상할 수 있듯이 꿈도 그렇지. 다만 꿈은 자신이 스스로를 위해 만들어 내는 예술이지."

꿈은 자신을 위해 만들어 내는 예술이라? 아주 멋진데요?

"그럼 아저씨, 예술도 무의식을 표현한다고 볼 수 있겠네요?"

"그래, 나는 예술도 무의식의 표현이라고 생각한단다. 예술에서 표현되는 것은 자신이 잘 모르는 자신의 억눌렸던 소원이나 충동이 아름답게, 그러니까 '승화'로 나타나는 것이라고 봐."

그래서 아저씨가 저 고물들에게 새 생명을 불어넣어 예술 작품을 만드나 봅니다. 분명 아저씨의 무의식이 작품으로 승화될 테니까요. 나는 아저씨가 더 멋있게 느껴졌어요.

집으로 돌아오는 길, 이제 마음속에 '또 다른 나'가 있다는 것을 알았으니 불쑥 '낯선 나'를 만나도 피하지 말아야겠다는 생각이 들었어요.

네 생각은 어때?

지혜는 시험 전날 이상한 꿈을 꾸고 깜짝 놀랐어요. 여러분도 시험 때문에 불안하여 이상한 꿈을 꾼 적이 있나요? 이럴 때 어떤 방법을 써야 불안을 이길 수 있을까요? 각자의 경험을 적어 보세요.

▶풀이는 162쪽에

프로이트가 남겨 준 선물

며칠째 꽃밭 고물상에 들렀지만 문이 잠겨 있었어요. 할머니가 자꾸 잠을 주무신다고 걱정하던 아저씨 생각이 났어요. 참, 병원에 다녀오신다고 했지? 나는 할머니가 병원에 가셨다는 걸 알면서도 꽃사탕을 샀어요. 어쩌면 내일쯤 돌아오실지도 모르니까요.

그런데 오늘도 꽃밭 고물상은 문이 잠겨 있네요? 벌써 5일째예요.

나는 주머니 속에서 꽃사탕을 꺼냈어요. 찐득찐득 녹은 사탕이 손에 엉겨 붙었어요. 아저씨와 프로이트 공부를 하지 못하는 것도 아쉽고 아저씨의 작품을 보지 못하는 것도 아쉽지만, 무엇보다 할머니가 많이 편찮으시지는 않을까 걱정이 됩니다.

잠겨 있는 울타리 주면을 맴돌다 나는 괜히 울타리를 두들겨 보았어요. 물론 안에서는 아무런 소리도 들리지 않았지요. 울타리 안으로 언뜻 '쾌락의 원칙'이 보였어요.

'쾌락의 원칙'은 시간이나 공간에 대한 생각조차 없기 때문에 때와 장소를 가리지 않고 자기 기분대로 해야만 만족하는, 보통 일상에서 아주 성질 급하고 보채기 잘하는 골치 아픈 문제아라고 할 수 있는 원초아라고 했어요. 왜냐하면 원초아의 최고 목표는 기분 좋은 만족감, 즉 쾌락이기 때문이지요. 그렇지만 꽃사탕을 물고 있어서 볼이 툭 불거져 나온 할머니의 해맑은 얼굴! 아저씨는 어린아이처럼 떼쓰는 할머니의 모습을 보며 저 '쾌락의 원칙'이라는 작품을 만들었는데, 그것이 이기적인 원초아라고 생각했기 때문은 아니라고 했어요. 자아의 통제를 받지 않는 원초적인 순수한 모습을 긍정적으로 바라본 것이지요. 언제나 어머니의 보살핌을 받으며 살아왔지만, 이제 어머니를 아이처럼 돌볼 수 있어 행복하다는 아저씨의 마음이 담긴 작품이에요. 마치 작품 속의 할머니가 금방이라도 나와 문을 열어 줄 것만 같아요.

나는 아쉽지만 돌아가기로 했어요. 돌아서려는데 울타리 앞에 하얀 종이가 붙어 있네요? 왜 그동안 이걸 보지 못했을까요? 나는 천천히 하얀 종이 앞에 다가섰어요.

'喪中(상중)'이라는 한자 아래에는 '고물상 처분'이라고 써 있었어요.

나는 한참이나 그 글씨를 보고 또 보았어요. 나도 모르게 눈물이 주르륵 흘러내렸지요.

할머니가 돌아가셨어요. 그동안 줄곧 문이 굳게 닫혀 있을 때 그런 일이 있었나 봐요. 불쌍한 할머니, 그리고 아저씨는 또 얼마나 마음이 아팠을까요? 그러나 분명 아저씨는 마음을 잘 다스려서 슬픈 상황을 잘 승화시킬 것이라 생각해요. 아저씨는 자아가 강한 분이니까요!

집으로 돌아오는데 이제는 꽃밭 고물상을 다시 갈 수 없다는 생각에 자꾸 뒤를 돌아보았어요. 그곳에서 아저씨를 만나고 마음에 대한 공부를 한 것 모두가 꿈처럼 아득하게 느껴졌어요. 그러나 분명 나는 많이 달라졌어요. 마음이 한층 성숙해졌고, 다른 사람의 마음을 헤아릴 줄도 알게 되었지요. 프로이트 선생님은 심리 분석을 통해 우리 자신의 진짜 모습을 좀 더 가까이에서 알 수 있게 해 주었어요.

아파트로 접어드는데 누군가가 내 어깨를 툭 쳤어요.

"지혜야!"

엄마의 양손에는 커다란 비닐 봉투가 들려 있었어요.

"이게 다 뭐예요?"

"우리 지혜 맛있는 거 해 주려고 엄마가 무리해서 장을 좀 봤지. 지난번 수학 경시대회에서 1등을 했는데 엄마가 아무것도 해 준 게 없잖니?"

나는 괜히 머쓱해졌어요. 수학 경시대회에서 1등을 했을 때, 엄마가 그냥 지나쳐서 무척 섭섭하기는 했지만, 엄마는 학교 일도 바쁘고 고3인 오빠에게 신경을 더 써야 하니까 괜찮다고 생각했었어요. 그리고 이미 다 지난 일이니 벌써 잊어 버렸고요. 그런데 엄마가 그걸 마음에 두고 계셨네요.

"지혜야, 그동안 엄마에게 많이 섭섭했지? 지혜에게 신경을 많이 써 주지 못해서 말이야. 사실 엄마는 학교 일 말고 다른 일이 좀 있단다. 사람들은 여러 가지 경험으로 상처를 입게 되지. 특히 아주 큰 충격을 받은 경험이 있으면 더 큰 상처를 입게 된단다. 사실 아빠가 돌아가시고 엄마도 큰 충격에서 헤어나지 못했단다. 그렇지만 엄마에겐 오빠와 네가 있어 다시 힘을 낼 수 있었지. 그리고 명색이 엄마가 상담 선생님이니 마음을 잘 다스릴 줄도 알았고 말이야."

이제 나는 이해했어요. 엄마의 마음을! 그래서 나도 모르게 더 씩씩한 아이가 되었는지도 모르지요.

"그런데 우리처럼 뺑소니 교통사고로 마음에 상처를 입은 사람들이 참 많더구나. 그들은 누군가의 도움을 필요로 해. 마음의 상처를 치유해 줄 수 있는 사람 말이야. 엄마가 그 일을 하게 됐어. 돈이 없어 제대로 치료도 받을 수 없는 사람들에게 엄마가 상담을 해 주면서 치료를 도왔지. 그래서 그동안 더 바빴던 거야."

"프로이트 선생님처럼 심리 치료를 하신 거군요?"

"어? 지혜가 프로이트도 알아?"

"그럼요! 사람의 마음을 밝혀내서 인간의 본능이 추하거나 야한 것이 아니라, 자연스러운 인간의 모습이며 그래서 나쁜 것도 아니라는 것을 보여 주셨지요. 그래서 지나치게 본능적인 욕구를 억압하면 인간 본래의 모습을 억누를 수밖에 없으니까 여러 가지 힘든 문제를 일으키기 마련이지요. 여하튼 프로이트 선생님의 심리 연구를 통해 사람들은 어린 시절의 경험이 얼마나 중요한지, 무의식이 미치는 영향이 어떤 것인지, 꿈의 중요성이나 대화가 얼마나 사람들에게 필요한 것인지를 알게 됐어요."

"우와, 우리 지혜가 따로 과외 공부를 했나? 어려운 이야기를 아주 잘 알고 있는데?"

"하하하! 그건 비밀이에요."

"그래? 엄마도 프로이트를 공부하면서 의미 있게 얻은 것이 있어. 그건 바로 사람 사이에서 사랑과 미움이 동시에 생기는 복잡한 이유를 알게 된 것이란다. 그래서 인간관계에서 생기는 문제들을 이해하기가 좀 더 쉬워졌지. 스스로 다 알아서 하는 딸이라고 엄마가 신경을 써 주지 못해 늘 미안했는데, 우리 지혜는 그런 엄마의 마음을 너무나 잘 이해하고 있었구나?"

엄마는 눈물을 글썽이셨어요. 나는 엄마의 짐 하나를 나누어 들었어요. 엄마가 너무 많은 짐을 지고 가시는 것 같았기 때문이지요. 아빠가 돌아가신 후 언제나 그랬듯이!

엄마와 나는 봉투를 들지 않은 나머지 빈손을 꼭 잡았어요. 세상의 모든 따뜻한 온기가 손안에 가득 퍼졌어요.

'엄마, 이젠 걱정하지 말아요. 마음 여행을 통해 지혜는 무척 성숙해졌으니까요. 앞으로 엄마 마음을 너무 많이 안다고 부끄러워하진 마세요? 히히히.'

프로이트가 남겨 준 선물은 너무나 많았어요.

새로운 것에 대한 지식뿐만 아니라 할머니의 꾸밈없는 순수함과 아들에 대한 절대적 사랑, 깊은 곳에 숨어 있는 마음의 조각을 찾아 견고하고 성숙한 마음을 만들 듯 버려진 고물을 주워 새로운 의미의 작품으로 만들어 낸 아저씨의 예술적 승화, 그리고 인간관계의 참뜻을 알게 해 준 엄마와 오빠의 진실한 마음…….

날이 저물고 있어요.

스멀스멀 어둠이 밀려오듯 엄마의 마음이 내 마음속으로 스며드는 것을 느꼈어요.

철학자의 생각

프로이트가 말하는 불안과 방어 기제

불안이 생기는 원인, 불안을 해소하는 방어 기제

프로이트가 설명하는 마음의 구조를 떠올려 보세요. 그중 우리의 자아는 의식적 사고와 행동을 가장 직접적으로 통제합니다. 자아는 영향을 주는 세 가지 서로 다른 힘들, 즉 현실 세계, 원초아, 초자아의 요구를 모두 어느 정도 충족시키는 방식으로 통제를 하도록 노력합니다. 세 가지 서로 다른 힘들은 불안을 만들어 냄으로써 자신들의 요구를 졸라 댑니다. 여기서 불안이란 자아가 느끼는 절박한 두려움에 따르는 불쾌함입니다. 프로이트는 세 가지 다른 근원으로부터 파생되는 불안에 다른 이름을 붙여 주었답니다.

첫 번째, '현실 불안'이란 현실 세계의 위협에 대한 자아의 두려움입니다. 뱀에게 물리거나 직장이나 수입이 위협받는 실제 위협들을 말한답니다.

두 번째, '신경증적 불안'이란 원초아의 비합리적인 소망에 대한 자아의 두려움입니다. 만일 원초아가 통제되지 않는다면 개인을 자기 파괴적으로 행동하게끔 할 수 있는 강력한 욕망과 충동이 잠재하기에 불안 심리가 커지는 거죠.

세 번째, '도덕적 불안'은 초자아가 만들어 내는 죄책감에 대한 자아의 불안을 말합니다. 초자아 역시 만일 도덕적 구조를 어긴다면 죄책감으로 무력해질지 모른다는 두려움을 자아에게 부과합니다.

프로이트에 따르면, 이러한 마음속 원초아, 자아, 초자아 간의 균형이 무너지면 신경증이나 정신병 같은 심리 장애가 생긴다고 주장했답니다.

그렇다면 자아는 이러한 불안들을 어떤 방식으로 감소시킬 수 있을까요? 프로이트는 이렇게 생각했답니다. 이런 불안으로부터 자아는 방어 기제라고 불리는 자기기만을 하거나, 현실의 지각을 왜곡하고 부정하고 거짓으로 만듦으로써 불안을 감소시킬 수도 있다고 말입니다.

즐거운 독서 퀴즈

1 프로이트는 마음속 깊이 숨겨진 본능이 꿈으로 나타난다고 했어요. 다음은 지혜가 수학 경시대회를 앞두고 꿈꾼 내용이에요. 지혜가 이런 꿈을 꾸게 된 심리 상태는 무엇일까요? 프로이트가 사용한 용어로 적어 보세요. (   )

> 오줌이 너무 마려워서 화장실에 앉았는데 갑자기 오줌이 나오지 않는 거예요. 옷을 입으려고 하면 다시 오줌이 마렵고, 오줌을 누려고 하면 또 나오지 않고……. 미치겠는 거 있죠? 그러기를 수십 번. 그런데 갑자기 종이 울리는 거예요. 시험 시간이 끝난 거지요. 이를 어쩌지요? 미처 시험을 보지 못했는데……. 서둘러 화장실을 나오려고 하는데 이건 또 무슨 일이에요? 문이 잠겨 열리지 않는 거예요. 분명 화장실에 나 혼자 있었는데!

❶ 억압   ❷ 불안   ❸ 합리화   ❹ 고착

정답

❷ 불안

2 다음은 꽃밭 고물상 아저씨가 지혜에게 들려준 이야기의 일부분이에요. 빈칸에 프로이트가 말한 용어를 적어 보세요.

> 아이들이 끔찍한 사고를 당했을 경우, 아이들은 외부의 위험이나 공격을 혼자서 막아 낼 능력이 없기 때문에 엄청난 고통과 충격을 경험하게 된다. 이러한 경험은 마음속 깊이 새겨져서 무의식에 남게 된다. 이것을 (   )이라고 하는데, '상처'라는 뜻이다.

3 아래 낱말 중 프로이트의 철학과 관련 있는 용어에 동그라미 해 보세요.

> 무의식   국가론   불안
>
> 전체주의   꿈   욕망과 충동

정답

2 외상(트라우마)
3 무의식, 불안, 꿈, 욕망과 충동

네 생각은 어때? 문제 풀이

 54p

    프로이트는 우리의 마음을 의식, 전의식, 무의식, 이렇게 세 가지로 나누었어요. 의식은 빙산의 윗부분, 즉 물 위로 올라와 있는 보이는 부분으로서 현실에서 체험하는 모든 정신 작용과 그 내용을 포함하는 일체의 경험 또는 현상을 말합니다. 심리, 경험, 현상 등과 같은 의미로 자주 사용되기도 하며, '깨어 있는 상태'와 동일시됩니다.

    전의식은 평소에는 의식하지 못하지만 골똘히 생각하면 의식할 수 있는 것입니다. 빙산의 물 밑에 있는 의식이지만 책상 서랍처럼 필요할 때 열어 볼 수 있는 의식입니다.

    마지막으로 프로이트가 아주 중요하게 생각한 무의식이 있어요. 무의식이란 우리가 평소에는 전혀 인식하지 못하지만 마음속에서 일어나는 현상 중 많은 부분이 무의식에 속합니다. 물 밑에 잠겨 있는 빙산 부분이라고 할 수 있어요.

우리가 원인을 알 수 없는 행동을 했을 때 우리는 우연히 그 행동을 하게 된다고 생각하지만 우리가 하는 모든 행동은 원인을 가지고 있어요. 프로이트는 우연히 하게 되는 행동, 말실수, 꿈, 신경 증상 등은 무의식이 작용한 것이라고 했어요.

79p

프로이트는 사람들이 하는 모든 행동의 중요한 원인은 무의식 속에 깊이 숨어 있어서 결코 의식으로는 인지될 수는 없다고 했어요. 그러므로 사람들이 자기의 행동에 대해 설명하는 이유는 결코 그 행동의 참된 원인이 아닙니다.

프로이트는 이러한 무의식의 단서들을 찾기 위해 자유연상법을 개발했어요. 자유연상법이란 환자를 편안한 소파 등에 등을 대고 누워 긴장을 이완시키고, 논리적 제약 없이 의식에 떠오르는 모든 생각과 그림 들을 이야기하도록 하는 것입니다. 프로이트에 따르면, 꿈은 자유 연상의 가장 순수한 활동입니다. 잠자는 동안에는 무의식적인 생각을 억누르는 힘이 약해지기 때문입니다. 또한 무의식의 형태를 알아보는 또 다른 방법은 실수입니다. 프로이트에 따르면 실수는 결코 우연한 사건이 아니라 무의식적 소망의 표현입니다.

100p

자신이 받아들이기 힘든 감정이나 생각을 의식에서 무의식의 세계로 쫓아 버리는 자아의 활동을 '억압'이라고 합니다. 억압을 통해 아예 다시는 우리가 기억을 못 하도록 하는 것입니다. 억압된 느낌이나 일은 다시는 사람들의 의식 속으로 들어올 수가 없어요. 하지만 어려운 시험을 치러야 하는 등 자신을 심하게 억압하는 일이 생기면 우리 몸은 스트레스를 받기 때문에 아주 힘들어하면서 갑자기 배가 아프거나 병이 나기도 합니다. 이렇게 우리를 억압하고 있는 욕망이나 충동과 정반대의 태도나 행동을 취하는 것을 '방어 기제'라고 합니다. 따라서 억압이라는 것은 불안을 일으키는 기분 나쁜 것들을 모두 기억 밖으로 쫓아내는 것을 말합니다.

학급에서 맘에 드는 이성 친구가 있어서 좋아한다는 마음을 표현했던 적이 있었어요. 그런데 그 친구는 나에 대해 좋은 마음이 없다며 거절했어요. 굉장히 자존심이 상한 나는 속으로 이렇게 생각했어요. '사실 쟤가 어디가 좋냐? 지금 보니까 별로다.'라고 말입니다. 자존심이 상한 내가 스스로를 위로하는 방법이지요. 이렇게 소망대로 되지 않은 편이 오히려 더 낫다고 생각하는 것이 '합리화'입니다.

 불안을 피하는 방법에는 '부정'이 있습니다. 예를 들면 친한 친구가 자기를 배신했을 때, 이 일을 인정하는 것이 너무 고통스러워서 그럴 리가 없다고 우기는 경우입니다. 그리고 '퇴행'이라는 것은 어른이 되기를 거부하고 자꾸 어린아이로 돌아가려는 것입니다. 동생이 태어나면 소외되는 것이 두려워서 아기보다 더 아기 같은 행동을 하는 경우를 말합니다. 또 '고착'은 애착과 비슷한 것으로 엄마와 떨어져야 하는 아이들에게서 흔히 볼 수 있습니다. 예를 들면 입학 첫날 몸이 아파서 엄마 곁에 누워 있으려고 하는 행동입니다. 상태가 심해지면 새로운 출발을 두려워한 나머지, 자꾸만 옛날에 집착하게 되고, 실패할지도 모른다는 두려움 때문에 새로운 것을 시작하지 못하고 괴로워합니다.

'승화'는 말 그대로 지금 당장 채워지지 않은 욕구를 더 차원 높고 가치 있는 것으로 발전시키는 것을 말합니다. 그래서 억압된 본능적 소원을 무조건 참고 있는 대신 참고 견디는 데 필요한 에너지를 더 많은 지식을 얻거나, 봉사 활동을 한다거나, 어떤 창조적인 일, 즉 예술 활동을 하는 데 써서 불안을 이겨 내는 것입니다. 따라서 충동을 억제하기보다 사회적으로 허용되는 형태로 변화시키기 때문에 건강하고 건설적인 전략이기도 합니다. 강한 공격 충동을 지닌 사람이 외과 의사나 법관이 됨으로써 공격 충동을 사회적으로 허용되는 형태로 충족시킬 수 있지요. 프로이트는 천재적인 예술가, 운동선수 등이 바로 승화의 대표적인 예라고 했어요. 이렇게 억압된 본능을 해결하면 본능은 더 이상 멋대로 의식과 자아를 괴롭히는 훼방꾼이 아닙니다.

135p

불안이 지나쳐서 정상적인 활동이나 생각을 못 하게 하면 문제가 심각하겠지만, 적당한 불안은 오히려 삶의 활력소가 됩니다. 한 예로 시험을 앞두고 공부를 할 때 시간적인 여유가 많을 때

보다 시험 바로 직전에는 훨씬 집중이 잘되고 암기도 잘됩니다.

사람들은 불안을 해소하려고 여러 가지 다양한 시도를 하기 때문에 현재의 상태보다 더 나은 상태로 나아가게 됩니다. 마치 헤겔의 변증법에서 모순이 운동을 하게 하는 원리처럼, 불안 또한 계속해서 발전하게 하는 원동력이 될 수 있습니다.

 144p

시험을 앞두고 생기는 불안은 대부분 학생들이 경험하는 일이에요. 저자도 지혜처럼 시험 때문에 불안해서 이상한 꿈을 꾼 적이 있어요. 꿈에 다른 친구들은 정해진 시간 안에 문제를 다 풀고 선생님께 문제지를 제출하고 나갔지만 저자는 너무 많은 문제를 풀지 못해서 안절부절못한 꿈이었어요. 가장 걱정스러웠던 것은 꿈 때문에 지레 겁을 먹고 아는 문제도 틀리지나 않을까 불안해했던 기억이 나요. 그러나 시험 때문에 불안해서 그런 꿈을 꾼 것일 거야, 꿈이 예언은 아니야, 하고 생각하며 불안을 떨치려고 노력했답니다.

프로이트가 들려주는 마음 이야기
내 마음속 진짜 나를 발견해요

ⓒ 심옥숙, 2006

초 판 1쇄 발행일 2006년 2월 14일
개정판 3쇄 발행일 2023년 10월 1일

지은이	심옥숙
그림	유수민
펴낸이	정은영

펴낸곳   (주)자음과모음
출판등록 2001년 11월 28일 제2001-000259호
주소   10881 경기도 파주시 회동길 325-20
전화   편집부 (02)324-2347 경영지원부 (02)325-6047
팩스   편집부 (02)324-2348 경영지원부 (02)2648-1311
e-mail   jamoteen@jamobook.com

ISBN 978-89-544-4193-3 (73810)

잘못된 책은 구입처에서 교환해 드립니다.
저자와의 협의하에 인지는 붙이지 않습니다.

이 책은 『프로이트가 들려주는 마음 이야기』(2006)의 개정증보판입니다.